女ノマド、一人砂漠に生きる

常見藤代
Tsunemi Fujiyo

目次

こんどはコカ・コーラを持って来て
ケータイは聞きたくないことも聞かされる
いつまで砂漠にいるかは神さまがきめる

主要参考資料

（注）●中東に暮らすアラブ系遊牧民を指す言葉「ベドウィン」、遊牧民を表す英語「ノマド」は「遊牧民」で統一した。
●登場人物の年齢、貨幣の交換レートは、すべて取材時のものとした。また、本文中の「ポンド」はエジプト・ポンドを指す。

写真／常見藤代
図版・扉デザイン／新井千佳子（ＭＯＴＨＥＲ）

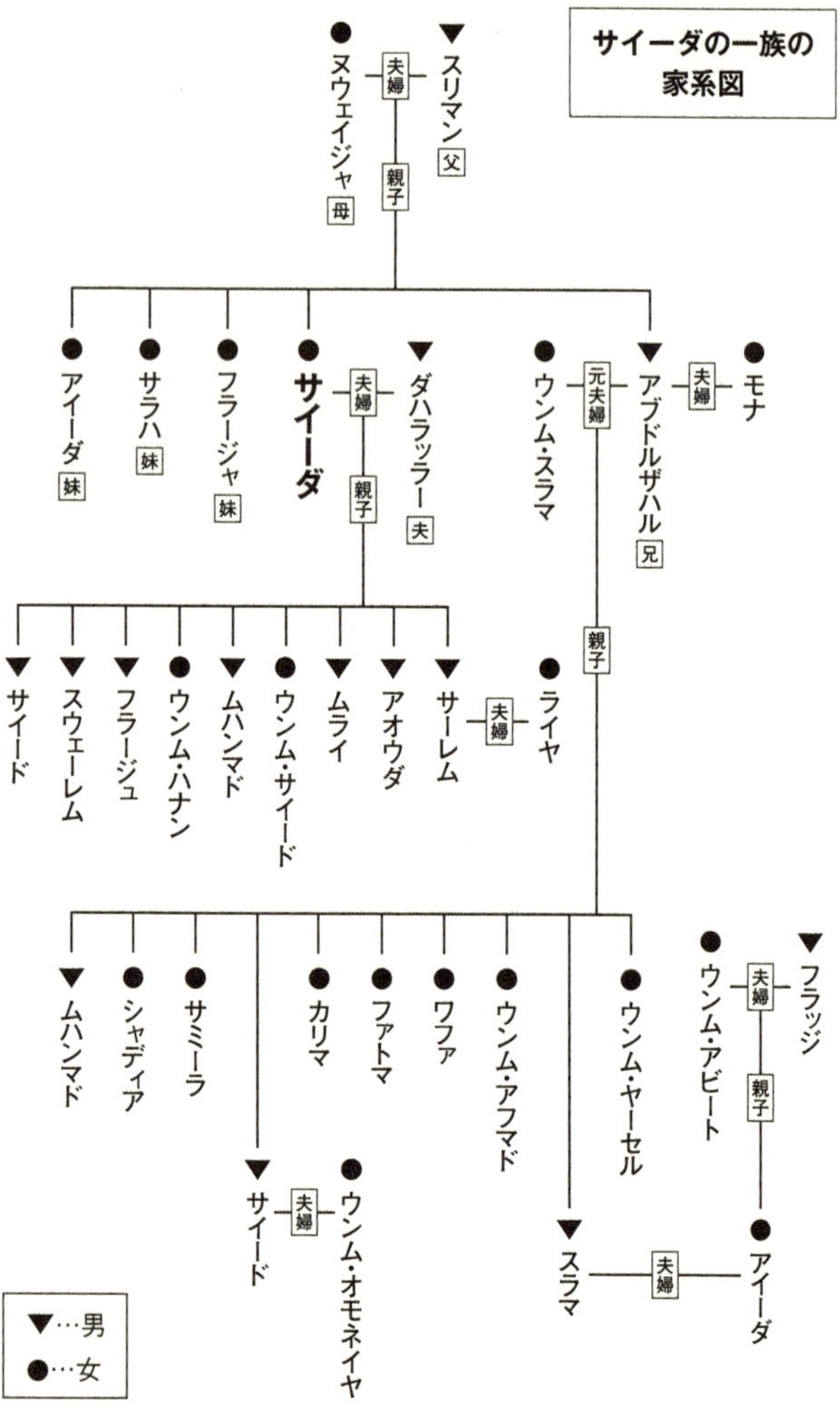
サイーダの一族の家系図
スリマン 父
夫婦
ヌウェイジャ 母
親子
アイーダ 妹
サラハ 妹
フラージャ 妹
サイーダ
夫婦
ダハラッラー 夫
親子
ウンム・スラマ
元夫婦
アブドルザハル 兄
夫婦
モナ
サイード
スウェーレム
フラージュ
ウンム・ハナン
ムハンマド
ウンム・サイード
ムライ
アオウダ
サーレム
夫婦
ライヤ
親子
ムハンマド
シャディア
サミーラ
サイード
夫婦
ウンム・オモネイヤ
カリマ
ファトマ
ワファ
ウンム・アフマド
スラマ
夫婦
アイーダ
ウンム・ヤーセル
ウンム・アビート
夫婦
フラッジ
親子
▼…男
●…女

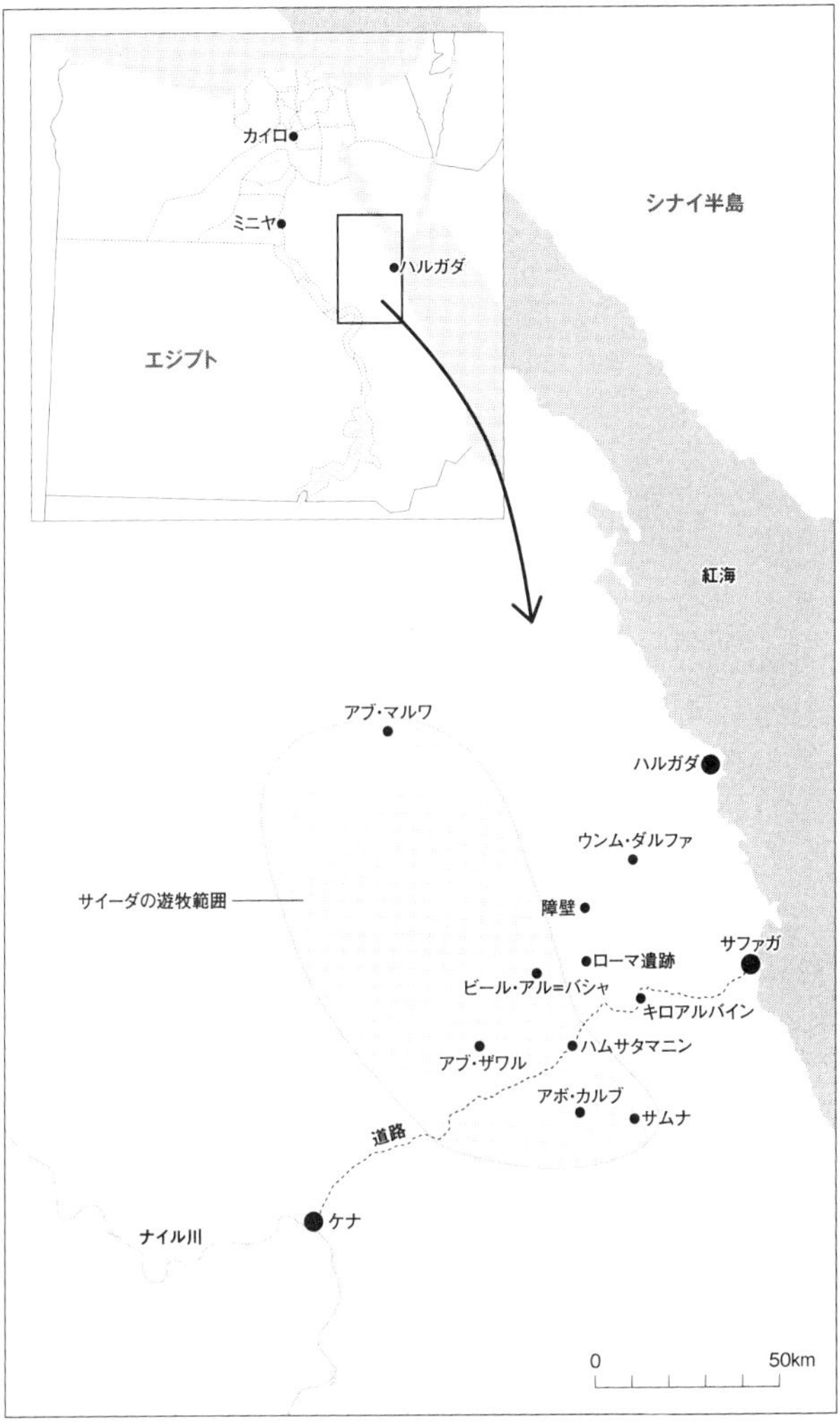
カイロ
ミニヤ
ハルガダ
エジプト
シナイ半島
紅海
アブ・マルワ
ハルガダ
ウンム・ダルファ
サイーダの遊牧範囲
障壁
サファガ
ローマ遺跡
ビール・アル=バシャ
キロアルバイン
ハムサタマニン
アブ・ザワル
アボ・カルブ
サムナ
道路
ケナ
ナイル川
0
50km

「食べ物は神さまからの贈り物。
だからアッラーに感謝のお祈りしてからでないと、
食べてはいけない」

——サイーダ・スリマン

第1部　女ひとりの砂漠

Woman alone in the Desert

第1章　もうばあさんだから男はいらない

女56才、一人で砂漠に暮らす

熱い風が頬《ほお》をなでていく。

さっきからひっきりなしに泉の水を飲んでいるのに、飲んだそばから蒸発してしまうかのように、喉がかわいてしかたがない。体がかわいたスポンジになったみたいだ。

ゆらゆらとゆれる陽炎《かげろう》の向こう、100メートルほど離れた場所で、彼女はしきりに地面にある枯木を集めている。

彼女の名はサイーダ。56才。ラクダ7頭をつれ、一人で砂漠を点々と移動しながら暮らしている。

なぜ疲れないのだろう。

手伝わなければと思っても、体がいうことをきかない。木の下は、周囲の暑さがうそのように心地よく、毛布の上に横たわると、体から根が生えたように動けなくなってしまった。わずか4日の砂漠生活で、かなり疲れがたまっているようだ。

つけっぱなしにしたラジオから、サウジアラビアの放送が流れている。ここはエジプトの紅海沿岸の町ハルガダ〔地図〕から車で2時間ほどの砂漠の中。紅海をはさんだ対岸はサウジアラビアだ。

彼女は私のそばに戻って来て、拾い集めた枯木を地面に置くと、礼拝を始めた。イスラム教徒の彼女は、1日5回の礼拝を欠かさない。毎回ゆうに30分は祈っている。ラジオの放送はいつの間にか、ニュースからコーランの詠唱に変わっていた。空を眺め、なまあたたかな風に吹かれていると、このまま眠ってしまいそうだ。

そういえば、砂漠に来てから一度も雲を見ていない。

今日で、彼女との4泊5日の砂漠の生活が終わり、明日には町から迎えが来ることになっていた。どこまでも続く茶色い砂と岩山だけの風景をぼんやりと見つめながら、私はここに来るまでのことを思い出していた。

自分を変えるために海外へ

私はひどく内気でおとなしい子どもだった。

幼稚園では周りの子どもたちになじめず、毎日泣いて帰って来た。学校の休み時間には、友人と遊ぶより教室の隅で本を読んでいる方が好きだった。大学に入るまで友人はなく、電車の切符も自分で買えないほど行動力に欠けていた。

そんな自分を変えたいと思った。

それには、全く違う環境に身を置くことだと思った。手っ取り早いのは、海外に行くことだ。当時の私には、そんなことしか思いつかなかった。

それまでに団体旅行でアメリカに行ったことがあった。こんどは大勢ではなく一人で、短期でなく、ある程度長く旅してみたいと思った。

大学を休学し、インドネシアに行ったのは、たまたま取った授業で興味を持ったこともあるが、それまでの勉強一筋だった生き方を変えるためだった。

特に計画や、もっともらしい目的があったわけでもない。言葉を少し習っただけで、知り合いのいない土地に一人で行き、どんな旅ができるのか、どこまで人の暮らしに溶《と》け込めるのか、自分を試してみたかった。

現地では、二言三言話しただけで、自宅に招いてくれる人がたくさんいた。こうして知らない民家に泊めてもらいながら、国中を旅した。

そんなことのできる自分に驚いた。そして異国を歩く魅力にとりつかれた。

その時たまたまカメラを持って行ったのが、写真や文章で表現する仕事がしたいと思うようになったきっかけだ。

大学卒業後はマスコミへの就職を希望したが、生まれつきのろまな私は就職活動に出遅れ、受けた会社はことごとく不採用。全く違う業種の会社に就職する。だが、その後もあいかわらず、文や写真に関わることをやりたいと思い続け、会社を辞めようかどうしようかと、うつうつと思い悩む日々が続いた。

結果的に3年で会社を辞め、海外に旅に出た。

その頃興味があったのはフォトジャーナリストという仕事だった。問題は、何を取材していいかわからないということだった。海外に行けば、自分だけのテーマが見つかるのでは……。そんな安易な期待があった。

タイから陸路で西へ向かい、世界一周をするつもりだった。しかし、旅はエジプトに行き着いたところで終わってしまう。

ここに住みたい。着いた初日にそう思った。なぜなのか、言葉では上手《うま》く説明できない。旅はすでに8ヶ月目に入り、移動をやめて、どこか1ヶ所に落ち着きたいという気持ちがあったのかもしれない。

この国に、何か自分にしっくり来るようなものを感じていた。かといって、決して何もかもがすばらしい国ではない。むしろ全く逆だった。渋滞を避けるために車が歩道を走っていることもある。名もない遺跡がゴミ捨て場と化していたりする。アパートの窓から階下にゴミを投げ捨てる人もいる。

一方で、こんな場面も目にする。老人が道を横切ろうとすると、どこからともなく若者が現れて手をひく。車イスの人が電車を降りようとすると、周囲からさっと人が集まって来る。バスの中で立っていると、女という理由だけで年上の男性が席をゆずってくれる。社会の秩序は乏しいが、それをおぎなって余りある人間的な温かさ。そんなものが社会の根底にある気がした。

似たような状況は、エジプトにたどり着くまでに滞在したイランやシリアなどのイスラム諸国でも体験した。しばしば「お金を持っているか」と心配され、泊めてもらった家では「好きなだけいていいよ」と言われる……。

日本では漠然と、中東、イスラム諸国イコール怖い国というイメージを抱いていたが、エジプトに行き着く頃には、それはことごとくくずれ去っていた。そしていつしかイスラムの国、イスラムというものに興味を持つようになっていた。

この地域の人々の本当の姿を伝えたい。それには言葉を知らなければと思った。言葉が話せれば現地の人々の暮らしに入りやすい。これはインドネシアで体験した。エジプトに住んでみたいと思っていた私に、「アラビア語を学ぶ」という、格好の口実が見つかった。

実際には、アラビア語の難しさに勉学は早々と挫折《ざせつ》し、あとは知り合った人の家に上がり込んだり、写真を撮ったりして過ごし、ろくに言葉が上達しないまま、1年で帰国してしまったのだが……。

帰国後もエジプトなどのイスラム諸国を何度も訪ねていたが、心の底から打ち込めるようなテーマには出会えなかった。そして気づけば、生活のためと称し、住宅雑誌、中高年向けの雑誌、ガイドブック……種々雑多な仕事で糊口《ここう》をしのいでいた。書いて撮れる便利なライター兼カメラマンとして。

そうこうしているうちに、独身のまま30代半ばに突入してしまった。

独身生活は気楽である一方、心の中には、どこか満たされないすきま風が吹いていたと今ふりかえれば思う。それを「心の底から打ち込めるテーマ」で無理やり満たそうと思ったのかもしれない。

このままでいいのか……そんな気持ちを抱きつつあった頃、ふと長い間、頭の片隅に眠っていた遊牧民のことを思い出した。

家を持たず移動する暮らしに憧れ

住む場所を定めず、家畜をつれて移動しながら暮らす。そんな遊牧民の自由で身軽な暮らしに憧《あこが》れていた。

きっかけは1冊の写真集だったように思う。見たのは高校生の頃で、すでにタイトルも作者も忘れてしまったが、そこには、アフガニスタンの遊牧民が、家財道具一式をラクダに積み、ゆうゆうと移動していく写真があった。ラクダに乗っていたのは女性だった。その晴れ晴れとした表情と凛《りん》とした姿勢は、今でも鮮明に私の脳裏に焼きついている。

私はエジプトの遊牧民についての資料を探した。

そして1冊の本に出会った。以後、私が10年近く付き合うことになるホシュマン族についての本だ。[*1]

ホシュマン族は、ナイル川東の砂漠やハルガダなどに暮らしている。[*2]

1997年以来、この辺りには雨らしい雨が降らず、[*3]ほとんどの人は遊牧をやめ、砂漠の中にある定住地で暮らしている。今でも遊牧を続けているのは数家族だけだ。

彼らに会いたい。そう思った私は、先の本の著者ジョセフ・ホッブス氏のウェブサイトを見つけ、そこに書かれていたメールアドレスに連絡した。なんと返事は1時間足らずで来た。そこにはこうあった。

「ハルガダの中心部に野菜市場があり、その近くに遊牧民が住む地区がある。そこへ行って、族長のムサリムという男に会えばいい」

ハルガダは、首都カイロから約400キロほど南東にある紅海沿いの町。エジプト有数のリゾート地である。

身長140センチの老婆と7頭のラクダ

2003年9月。初めてハルガダを訪れた私は、ホテルに荷物を置くと、その足で族長に会いに行った。そして、彼に、「今でも砂漠で遊牧している人に会いたい。できれば、いっしょに暮らしてみたい」と頼んだ。

そこで紹介されたのが、サイーダだった。

女性がたった一人で砂漠で暮らす、そんなことが可能なのだろうか。

私は心の奥底から、ふつふつと興奮と好奇心がわいてくるのを感じていた。

ビール・アル＝バシャの泉

身長約１４０センチ。

サイーダは、小さなおばあちゃんだった。

体全体を包む黒の服を着た彼女は、顔全体にうっすら汗をにじませていた。小麦色を通り越し、銅褐色にまで日焼けした肌は、つやつやに輝いている。

族長と初めて会ってから1週間後。私たちは、サイーダが夏の拠点にしているビール・アル＝バシャの泉〔地図〕にいた。

朝9時というのに、カッと強烈な日差しが肌につきささる。

族長とサイーダが、何やらしきりに話をしている横で、私は彼女のラクダたちを、ぼんやりと眺めていた。

小さな老婆と7頭の巨大なラクダ……なんとも奇妙な組み合わせだ。

ともかく、族長に同行してもらったおかげか、私はすんなり彼女に受け入れてもらえそうだった。

4日後に泉に迎えに来るという約束で、族長は帰って行った。

私たちはラクダに乗って出発。こうして最初の4泊5日の旅が始まった。

テントは寝る時、星が見えない

初めて乗ったラクダの背の上は、2メートルくらいの高さがあった。ラクダが歩くのに合わせてゆれ、まるで小船に乗って波の上をただよっているようだ。

サイーダがラクダにくくりつけたラジオから、音楽が風に乗って流れて来る。

ラクダたちはのんびりと草を食べながら、ほぼ一列になって進む。

私が乗ったラクダは、すぐに立ち止まっては草を食べるため、とうとう列の最後になってしまった。

「ちゃんと手綱を使って進ませないとダメだよ！」

50メートルほど前方にいるサイーダが、大声で叫ぶ。ラクダの首にくくりつけたロープで首根っこをひっぱたいてみるが、どこ吹く風といった様子。ラクダは人を見ると聞いたことがあるが、私が初心者なのを見抜いているのだろうか。


午後5時。日差しが、だいぶやわらかくなってきた。

ある山のふもとに来て、荷を下ろす。

水が入ったポリタンクや小麦粉の袋などが置いてあった。彼女の物だ。置きっぱなしにしておいても、取る人はいないという。

「誰かが水を取ったりしても、泥棒とは言わないんだ」

彼女はきっぱりと言った。

「水がなければ死んでしまうからね。食べ物も同じ。砂漠じゃ、簡単に食べ物は手に入らないから」

もし取られても、その場に残された足跡や車のタイヤの跡で、誰が取ったかわかるという。

ラクダの荷を下ろし終わると、彼女は礼拝を始めた。

周囲には目印などなさそうだが、ちゃんとメッカの方向がわかるらしい。

次第に辺りが夕闇《ゆうやみ》に包まれ、ポツポツと空に星が姿を見せ始めた。

昼食の残りのパンと紅茶で夕食をすませると、サイーダはじかに砂の上に横になった。

「砂漠の砂はきれいさ。自然はすべてアッラー（神）がつくった物だから」

以前はテントを使っていたが、移動に不便なため、やめてしまったそうだ。「寝る時、星が見えないのがイヤ」だという。

私も地面の小石を脇にどかして、寝るスペースをつくった。シートを敷いた上に寝袋を広げる。

寝袋に入って目を閉じるが、近くにいるラクダのボリボリ……という反芻《はんすう》の音が気になり、なかなか寝つけない。ようやくうとうとしかけると、ラクダが、ジャーとオシッコをする。

サイーダは早くもスースーと、気持ちよさそうに寝息を立てている。

とうとう、日本から持って来た耳栓をした。エジプト旅行の必需品だ。この国では、夜遅くまで町中で人が騒いでいたり、商店が大音量で音楽を流していることが日常茶飯事だ。安眠のために耳栓は必需品である。

しかし、まさか人里離れた静寂が支配するような砂漠で、こんな物が役に立とうとは思ってもいなかった。

ラクダ1頭1頭の足跡を見分ける

パチッ、パチッ……。

たきぎが燃える音で、目が覚めた。辺りはまだうす暗く、星がまたたいている。

寝袋から出ると、ひんやりとした空気が体にまとわりつき、思わず身ぶるいした。

食事の支度をするサイーダの横に行って、焚《た》き火に手をかざした。

火にかけた缶の中でお湯が煮立って、グツグツ音を立てている。缶はそら豆の水煮が入っていた物で、かなり使い込まれ、周囲が黒ずんでいる。

紅茶の葉を入れ、ひと煮立ちさせたところで、さっと火から下ろす。

ラクダたちの姿が見えない。草を求めて、昨晩のうちにどこかに行ってしまったようだ。

「この大きい足跡が、妊娠してるラクダのものさ」

歩きながら、地面を指して彼女は言った。いなくなったラクダの足跡をたどりながら歩いているようだ。

彼女はラクダ1頭1頭の足跡をすべて見分けられるという。ラクダは群れて移動する習性があり、放っておいても、1頭だけはぐれて別の場所へ行ってしまうことはないそうだ。

さらに1時間ほど歩くと、広いワーディー（涸《か》れ谷）に出た。

「昨日はここに寝てたんだ」

彼女が指さす方を見ると、新しそうな、つやのある糞《ふん》が落ちている。

ワーディーを進んで行くと、やがてラクダたちの姿が見えてきた。数本木が生えていて、そのうちの1本の木の下にラクダが集まり、無心に葉を食べている。

近くの木の下で荷物を下ろすと、サイーダが根元の辺りを丹念に見回し始めた。

「ほら、見て。あそこ」

指す方に、とぐろを巻いたヘビがいた。ハナシュという毒ヘビの一種で、噛《か》まれると死ぬこともあるという。見つけたら、すぐに殺さなければならない。

彼女は忍び足で近づくと、そうっとハナシュの体の下に棒を入れた。それをすばやく持ち上げ、ポーンと宙に放り投げる。ポトッと地面に落ちたところを、すかさず棒で首根っこをギュッとおさえつけた。

パタッ、パタッ……。しばらく身もだえていたハナシュは、じきに動かなくなった。

3年ほど前、サイーダの長男のサーレムが噛まれて急いで医者に行き、注射を打ってもらって危うく一命をとりとめたことがあるという。

9月といえばまだ夏。ハナシュはいたる所にいるそうだ。

炭と砂でパンを焼く

お茶を飲んでひと休みしたところで、お昼のパンを焼く。放牧先でつくるのは、「ゴル

ゴルスを焼く

ス」という炭と砂で焼くパンだ。

鍋に小麦粉と水、塩一つまみを入れ、ゆっくりとこねる。こね終わる少し前に、山のように盛り上げた枯木に火を点《つ》けておく。

枯木が炭になったところで、それらを脇にどけ、熱くなった地面に平たくしたパン生地を置く。それに炭をのせて片面を焼く。

時々棒で表面を触って、焼き具合を確かめる。片面が焼けた頃を見計らって、生地を裏返し、もう片面も焼く。

やがて炭の中から、ぷーんと香ばしい匂いがただよってくる。

ゴルスを取り出し、表面についた灰を布でパンパンと勢いよくはたく。ところどころにできた焦げ目を小石で削り落とせば、できあがりだ。

焼きたてのゴルスは、もっちりとした歯ごたえと香ばしい味わいがあり、何もつけずにそのままでも十分いける。

おかずは私が持って来たそら豆の缶詰だ。鍋で温め、塩やコショウで味をつける。

ふだんの食事はゴルスだけか、たまに乾燥モロヘイヤのスープをつくるくらいだという。


サー、ゴー……。

強い風が出てきて、木の葉をゆらしている。

昼食を食べている間にどこかに行ってしまったのか、ラクダたちの姿は見えない。

「日本まで車で何時間かかるんだい？」

彼女は聞いた。

「車じゃムリ。飛行機で13時間くらいかな」

「なんてこった！」

飛び上がらんばかりに驚いている。

「飛行機の中にトイレはあるのかい？」

（トイレがなかったら、どうなるんだろう……）と思いつつ、「ある」と答えると、

「食事はあるのかい？　飲み物は？　イスはあるのか？　電気は？」

やつぎ早に聞いてくる。そのたびに「ある」と答えていると、

「何でもあるんだね。まるで家みたいだ」

と感心している。

町では飛んでいる鳥を眺められない

夫のダハラッラーは5年前に足を痛めて歩けなくなり、長男夫婦と定住地に暮らしている。長男以外の8人の子どもたちも、砂漠でガナム（ヤギとヒツジの総称）の世話をする末息子のサイードをのぞいて、すべて定住地やハルガダに住んでいる。皆彼女にいっしょに暮らそうと誘うが、がんとして応じない。

「砂漠じゃ自分一人だから、どこに行って何をしようと、自由さ。でも町には人や車がいっぱいで、自由に歩き回れない。排ガスやゴミがあふれて汚いし」

「でも一人で怖くないの？」

「町の方が怖いさ。町には泥棒がたくさんいる」

ハルガダに住む兄嫁が、ある晩寝ているところへ、屋根裏から泥棒が侵入して来たそうだ。手にナイフを持って、彼女に襲いかかってきた。気配に気づいて目覚めた彼女は、素手でナイフをつかんで阻止。血が辺りに飛び散ったという。

「アー、アー……」

サイーダは兄嫁になりきって悲鳴をあげ、血がしたたる手をおさえる様を臨場感たっぷりに演技してみせる。

同じくハルガダで、金のアクセサリーを腕に着けた女性が、自転車に乗った男に腕ごとナイフで切断された。男は逃げたが、車に乗った警察官にすぐに取りおさえられたそうだ。

「町じゃ、飛んでいる鳥を眺めることもできないし、道端に生えている草の匂いをかいで楽しむこともできない。砂漠の水はきれいでおいしい。町の水は薬が入ってて、飲めたもんじゃない」

砂漠で怖いのはサソリとハナシュだけだそうだ。

「それに砂漠は、雨が降れば一面緑にあふれて、それはそれは美しいんだ」

生まれてから一度も家で暮らしたことがない。

「1ヶ所にじっとしてるなんてイヤ。いつも動物といっしょに動いていたい。小さい頃からずっとそうやって暮らしてきたもの。足が弱ってきたら、ラクダを売って定住地でもどこにでも行く。でも、それまではずっと砂漠で暮らすんだ」

オッパイをチュチュチューッてすわれて

生まれたのは、ビール・アル＝バシャの近くの砂漠だった。

5才になる頃には、ヤギをつれて一人で放牧に出ていた。彼女たちの間では普通のことだそうだ。10才になると、ラクダに乗って一人で泉へ水をくみに出かけた。

「一人でいるところに、男があらぬ目的で近づいて来たら、どうするの？」

「そんな時は、『何か用？　用がなきゃ、あっちに行って』って言えば、それっきりさ」

とケロッとしている。砂漠にいるのは皆同じ部族で顔見知りだから、悪いことはできないそうだ。

ファティールというパンを焼くサイーダ。右はサイーダの夫ダハラッラー

「私の母さんも、ラクダをつれて一人で放牧していた。町に出るのは年に1回くらい。町には知らない男がたくさんいる。砂漠なら、みんな知り合いだから安心さ」

14才で、当時30才だった夫と結婚した。

「嬉《うれ》しくなんかないよ。その日初めて会ったんだ。別に何とも思わなかった。父親同士が知り合いで、向こうの父親が私の父さんに娘をくれって言ったんだ」

16才で長男のサーレムを産んだのをはじめとして、9人の子どもたちは、すべて砂漠で産んだ。「神さまが見守ってくれたから、怖くなかった」そうだ。

「次々に子どもが生まれちゃってさ。そのたびにチュチュチューッてオッパイすわれて、栄養すい取られちゃったから、この通り、歯がボロボロさ」

きれいに抜け落ちた前歯を見せると、アハハハ……と大口を開けて楽しそうに笑った。

「妊娠してる時も、食べる物は少ない方がいい。たくさん食べると、それだけお腹《なか》の子が大きくなって難産になるんだ。私はいつも小食だったから、子どももスリムで、スルって出てきたから、そりゃ、ラクだったさ」

自信たっぷりに言い切る。茶目っ気と愛嬌《あいきよう》のある語り口に、私はすっかり虜《とりこ》になってしまった。

肉はたまに食べるからおいしい

夜は月明かりでゴルスを焼く。満月の時は、字が書けるほど明るい。

「フジヨのお母さんは、自分で料理するのかい？　それとも買って来るのかい？」

小麦粉をこねながら私に聞く。

買うことも多いようだが、ここはあえて自分ですると答えておく。すると、彼女はたちまち嬉しそうな顔になって言った。

「最近の町のマダムは、全くなってない！　パンはつくらないし、できあいの食べ物をスーパーで買って来る。おまけに1日中家の中でゴロゴロして、テレビばっかり見てるから、ブクブク太って、醜《みにく》いったらありゃしない」

（自分のことを言われているようで、耳が痛い……）

「砂漠じゃ、いつも動いてるから健康なんだ。家の中に座ってばかりいると足腰が弱くなってしまう。町には40才くらいで老人みたいな人がたくさんいるよ」

険しい岩山を登った時、私がハーハーと息も絶え絶え登っているにもかかわらず、彼女はラクダから降りて、スイスイと風のように登ってしまったのにずいぶん驚かされた。

「ラクダだって動き回ってるのが好きなんだ。定住地じゃ、観光客を乗せるために縛りつけられて、じっとしてなきゃならない。心の中では人間を恨んでいるよ」

そういえば、カイロの市場などでラクダを見たことがあるが、どれも口から泡を吹いたりと機嫌悪そうだった。

「砂漠じゃ食べ物は少ないけど、たくさん食べてブクブク太るよりマシさ。肉はたまに食べるから、すごくおいしい。豆やモロヘイヤだって、食べるのは月に1回くらい。だからよけいおいしく感じる。毎日食べてたら、もういいやってなる。それに町には冷蔵庫があるから、何日もたった物を食べるけど、砂漠じゃ、料理したらすぐ食べるから新鮮さ」と強く言い切る。まさに、自分の生き方に強い誇りを持っている。

それはきっと、大地にしっかり根ざして生きる中で、彼女の内から生まれてきた信念なのだろう。そんな確固たる哲学があるからこそ、この無味乾燥な荒涼とした砂漠で生きていけるのかもしれない。

話がとぎれると、横になる。

夜空を埋めつくす星々を眺め、時々空を横切る流れ星を数えているうちに、まぶたが重くなってくる。

何百年と変わらない暮らし——食べる物が多少変わり、ラジオなどを持つようになりと、物質的に少しは変化したかもしれない。しかし自然に抱かれて暮らす生活スタイルは、昔からほとんど変わらないものだろう。

そして確実に、今姿を消しつつある暮らしに違いない。

こんどはオトコをつれておいで

「それにしても、よく何日もシャワーを浴びずに平気だね」

私を迎えに来た族長の長男ムライ（44才）は、私の顔をまじまじと見ながら、あきれ顔で言った。

サンダルばきの私の足は、わずか5日間のうちに日焼けの跡がくっきりとついている。

ムライは、ランドクルーザーの中から、クーラーボックスで冷やしたコカ・コーラを取り出し、私に手渡した。きーんと冷えた液体が、かわききった喉をうるおしていく。

私はこの日で滞在が終わってしまうのが、残念でならなかった。

砂漠に来るまで、遊牧の暮らしは過酷でつらいものと想像していた。しかし意外とそうでもない。むしろ楽しいくらいだ。

朝はさわやかな空気の中でパンを食べる。移動は歩き続けるわけでなく、疲れたらラクダに乗り、飽きたらまた歩く。暑い時は木陰で休み、のんびり空を見ながらお茶をすする。太陽が昇ったら起き、暗くなったら眠る。誰に指示されることもない、自然の営みとともに生きる暮らしは心地よい。

明るい月の光、降って来るような無数の星、真っ赤な炎、広々とした視界、青く澄みきった空……どれをとっても、町にない物ばかりだ。

しかし、そんなことを考えている私は、まだまだ甘かったのだが……。

一方で、私の疑問はふくらむばかりだった。それまでに会ったエジプトの女性たちは、自分の住んでいる町や集落から1度も出たことがないような人ばかりだった。夫や父親の許しがなければ、一人で遠出することもない。遊牧民の女性は少し違うのだろうか。

夫がいるにもかかわらず、一人で砂漠に暮らす。なぜ、そんなことが可能なのだろう。

「こんど来る時は、オトコをつれておいで。砂漠に一人じゃ、寂しいからさ」

サイーダの言葉に、ふと我に返った。

「自分だって、一人じゃない？」

「私ゃもう、ばあさんだからさ」

そう言うと、アハハハ……と楽しそうに笑った。

＊1　*Bedouin Life in the Egyptian Wilderness.*

＊2　現在エジプトに暮らすホシュマンは約２００家族。２００５年に著者がジョセフ・ホッブス氏と現地で行った調査によれば、各地の家族数についての最新データは、シャイク・ファジリ（ナイル川沿いの町ミニヤの50キロ北にある村）に88家族、ハルガダに15家族、ハムサタマニン〔地図〕（ケナとサファガを結ぶ道路上にある村）に25家族、定住地と砂漠に合わせて90家族ほどである（Soft Sedentarization: Bedouin Tourist Stations as a Response to Drought in Egypt's Eastern Desert）。

＊3　ハルガダでの１９７７年から１９９７年の年間平均降水量は７・２６ミリだったが、１９９８年の年間降水量は０・３ミリ、１９９９年は０ミリ、２０００年は２・６ミリ、２００１年と２００２年はいずれも０ミリである（DEVELOPING RENEWABLE GROUND WATER RESOURCES IN ARID LANDS PILOT CASE: THE EASTERN DESERT OF EGYPT）。

第2章　男がいないと、どうなるか

ラクダは私の匂いを覚えていた

「また一人で来たのかい？　こんどはオトコをつれて来るって言ったのに」

私を見るなり、サイーダは冗談とも本気ともつかぬ口ぶりで言った。

２００４年１月、彼女は、アブ・ザワル〈地図〉という場所にいた。前回のビール・アル＝バシャから車で南西へ30分行った所にある。

１月は冬だが、午前10時の気温は20℃を超えていた。

彼女は４日前にラクダの子どもが生まれたばかりだと、はしゃいでいる。

ああ、もう少し早く来ていれば——と私は悔やんだ。ラクダの出産シーンなど、めったに見られるものではない。

前回撮った写真を渡すと、「あのメスラクダの写真はないのかい？」と、出産したのとは別のメスラクダのことを言う。私がどんな写真を撮ったのか、よく覚えているのだ。そのラクダは、私が町に帰った後、ハナシュに噛まれて死んでしまったそうだ。

1頭のラクダが、私のそばに寄って来て服の匂いを嗅いだ。

「フジヨのこと覚えてるよ。匂いでわかるんだ。最初の時は怖がってたけどね」

毒へビに噛まれたら死ぬしかない

朝6時。東の空が白み始めた。サイーダが礼拝の文句をつぶやく声が聞こえる。寝袋から顔を出して外を見た。吐く息が白い。寝袋の表面に触れると、じっとりとぬれている。夜露らしい。地面に霜が降りている。

サイーダが火をおこすのを待って、思い切って寝袋を出ると、赤々と燃える火のそばに駆け寄って炎に手をかざした。すかさず彼女は言う。

「火に近づきすぎると、母さんによく言われたよ。『火が風で飛んで服につくから、焚き火から離れなさい』って」

私はあわてて火から離れた（その後も私は、彼女の忠告を忘れ、何度か火の粉で服に穴を開けた)。

バターが入っていた空き缶に水を入れ、石で丸く囲った炉の中に置く。水がぬるま湯になるのを見計らって火から下ろし、その中の湯を片手に取って、なでるようにして顔を洗った。残りの湯を私に渡してくれる。

はるか彼方に見える山々に、うっすらと靄《もや》がかかっている。山の向こうから、太陽がゆっくりと顔を出してきた。

冬は移動が少ないため、朝食の時間はのんびりとしている。パンを食べ終わると、タマネギかジャガイモを炉にくべる。「冬は寒くてエネルギーが必要だから、たくさん食べる。夏はたくさん食べると疲れるから、少しにする」とサイーダは理にかなったことを言う。

焼き上がるまで、お茶を飲みながら待つ。

棒で灰をかき分け、中のタマネギの焼け具合を確かめながら彼女は言った。

「夜の間に、小麦粉の袋がネズミに噛まれたよ。ほら、地面に足跡がいっぱい」

見ると、ネズミの足跡らしきものの横に小麦粉が落ちている。

ネズミは1つの食べ物を全部食べるようなことはせず、あっちを食べてはこっちを食べと、つまみ食いをするのが好きなのだそうだ。穴を掘って、その中に食べ物を隠したりもする。

ある日彼女は、疲れていて、小麦粉をこねた手を洗わずに寝てしまったことがあった。夜中に手が痛くて目が覚めた。ネズミが指を噛んでいたそうだ。

砂漠にはキツネやカラスもいて、これがなかなか手ごわい相手らしい。キツネが夜中にこっそりやって来て、生まれたばかりのガナムを食べてしまうこともある。

カラスがガナムを襲う時は、まず目や舌を攻撃する。目が見えなければ逃げられず、舌がなければ声が出せない。そうやって獲物の自由を奪い、意のままにそれを食べるという。

キツネもカラスも人間を襲わないが、ハナシュは人に危害を加えることがある。

彼女の妹が、ある日息子をつれてやって来た。サイーダがお茶をいれていたところ、ハナシュが子どものすぐ近くまで来ているのを見つけ、彼女はあわてて棒でたたき殺した……。

今は噛まれても、すぐに医者に注射を打ってもらえば、助かることも多くなった。問題はその時間だ。噛まれてから1時間を超えると、しばしば命取りになる。

——ハナシュに噛まれたらどうするの？

「町まで走るのさ」

冗談めかして言った後、彼女はすぐ真顔になって、「死ぬしかないね」とぽつり。気楽と思っていた砂漠暮らしも、苦労は少なくないようだ。

小麦粉を湯にとかして空腹をしのぐ

（ああ、まだ12時か……）

時計を見ては、ため息が出ることが多くなった。今回は移動がほとんどないせいか、1日が無性に長く感じられる。

冬は1ヶ所にとどまっていることが多い。毛布や風よけの垣根をつくる枯木などの荷物が増え、移動が大変になるからだ。この時期、ラクダが水を飲むのは20日に1度くらい。草の質がよければ1ヶ月以上水を飲まなくても大丈夫だという。泉に行く頻度が少なくなるため、泉を離れた砂漠の奥深くに野営地を定めることが多い。

来て3、4日もたつと、早くも滞在期間を20日にしたことを後悔し始めた。

これに単調な食生活が追い打ちをかける。食事は毎回パンと紅茶だ。

ちなみに野営地でつくるのは、「ファティール」という鉄板で焼く薄い平たいパンだ。この鉄板は古いドラム缶のふたをくりぬいて使っている。前回はいつも移動していたため、鉄板を持ち歩けなかった。鉄板は冬の野営地に置いたままにしてある。

パンに少しの野菜が加わればよい方だ。今回もサイーダと2人で食べるために、ジャガイモやタマネギ、豆やツナの缶詰などを持って来ていたが、いつも出されるのはトマトばかり。

しばらくして、そのわけがわかった。トマトがいちばん早く腐ってしまうからだ。冷蔵庫などない砂漠では、日持ちしない物から先に食べなければならない。

ふだん食料は車で通りかかった人にお金を渡して買ってきてもらう。3ヶ月くらい誰にも会わないこともあり、そんな時は、パンだけで過ごす。

それでも、今の食生活は昔よりよいという。幼い頃は食べる物が少なく、いつもお腹をすかせていたそうだ。

「小さい頃は、父さんがラクダに乗って食べ物を買いに行った。5、6ヶ月に1回だけ。ラクダにたくさん物を積めないから、食べる物はいつも少なかった。雨が降らない時は、動物が育たないから、お金がなくて、夜しか食べられない時があった」

小麦粉がなくなりそうになってきたら、水にほんの少しだけ小麦粉を入れ、それを温めて飲んだそうだ。

息子は大きくなればオッパイを忘れタバコをすう

彼女は最近、ラクダを1頭売って生活費を捻出《ねんしゅつ》した。前回、私が来た時まで飼っていた荷物をのせるラクダのうちの1頭だ。1頭は3500から4000ポンド（約6万3000から7万2000円）になり、これで1年間生活できる。去年は2頭、一昨年は1頭売った。ラクダは主に仲買人に売る。彼らは遊牧民からラクダを買い集め、カイロへ売りに行く。

それ以前は、年に5、6頭のヒツジを売っていた。1頭1000から1200ポンドで売れたそうだ。その後雨がほとんど降らなくなり、ヒツジたちは次々に死んだり売ってしまったりした。

サイーダには息子たちが食べ物を届けていると、族長に聞いていたが、彼女曰《いわ》く、そうではないらしい。

「息子はね、母親のオッパイをすってるうちは母親のことを思ってるけど、大きくなると忘れてしまう。代わりにタバコをすうんだ。でも娘は違う。イード（イスラムの祭り）の時はいつも肉を持って来てくれる。母親になった娘は母親の気持ちをよくわかっているんだ」

事実、今回の滞在中のイードの日に、娘のウンム・ハナン（39才。ウンムとは○○の母という意味）は肉を持って来た。それを見て彼女は私に言った。

「見たかい？　娘はちゃんと肉を持って来る。でも息子たちったら、オレンジとかお菓子だけさ」

どんな食べ物を持って来たかが、自分への愛情をはかる1つの尺度になっているようだ。

可愛がった家畜に殺されることも

その日サイーダは朝から、荷物を積むオスのラクダのことを話題にしていた。

「こういう寒い日は、ラクダはやっかい者になるんだ」

空は一面、どんよりとした厚い雲におおわれ、朝7時になっても太陽が顔を出さない。

ラクダは時折、後ろ足を大きく開き、しっぽを激しく前後にふっている。

「きっと何か問題を起こす。気をつけないと」とサイーダ。

果たして、予想は的中。

放牧先でゴルスを食べ、ひと休みしてから、荷物を積んで再び出発した直後のこと。突然、ラクダがガブッとサイーダの頭に噛みついた。

「この盗人め！」

そう怒鳴ると、あわてて持っていた口輪を着ける。

ふだんラクダには口輪をはめているが、その時はラクダがお腹をすかせていたため、はずして草を食べさせていたのだ。

口輪を着ける

冬はラクダの発情期にあたり、オスはしばしば凶暴になる。サイーダは10日前に、同じラクダにお尻を嚙まれている。2、3日前には、背に積まれた荷物も嚙んだ。袋の中の空き缶に、くっきりと歯形がついていたそうだ。

オスが凶暴になるのは8歳くらいからだ。発情期にオス同士でふざけて首を押しつけ合ったりするうちに、一方が他方を殺してしまうこともある。そのためオスは成長したら、口輪をして1頭ずつ離して飼うか、荷物を運ぶためのラクダ以外は売ってしまうそうだ。

人間がラクダに殺されることもあるという。ラクダは夜間に自分の足を縛っている縄を引きちぎり、勝手に歩き回って荷物をあさったりする。それを主人に見つかると棒で殴られるのを知っているため、主人を踏みつけて殺してしまうこともあるそうだ。

ある男が、オスのラクダをつれて、泉へ水くみに行った。発情期だったため、メスのそばにいたがったが、無理やりつれて行ったという。

泉で水を飲み終わるやいなや、ラクダは男の腕や首に嚙みついた。肉片が辺りに散らばった。ラクダだけが帰って来たのを見て、近くにいた人がラクダの足跡をたどって行き、泉のそばのバラバラ死体を発見したそうだ。


それでも、サイーダのラクダへの愛着は強い。

「ラクダは乗ったり荷物を運んだりできる。ミルクは医者の注射と同じくらい栄養があるんだ。私がこうして元気に砂漠で暮らしていけるのは、ラクダのミルクのおかげ。糞でパンも焼ける。車はしょっちゅう故障するし、タイヤはいつも新しくしておかなきゃいけない。ラクダは砂漠の草を食べていれば動いてくれる」

遊牧民以外のエジプト人も、主にメディアでの医師の発言などを通じて、ラクダのミルクが体によいことを知っている。双子が産まれたエジプト人が、彼女にラクダのミルクをもらいに来ることがあるそうだ。彼らは町に住む遊牧民の男を使いによこす。彼らが預かってきた容器に、サイーダがミルクを入れて渡す。

ラクダの気持ちも手にとるようにわかるようだ。

ある時、歩き疲れた私は、担いでいたカメラバッグを岩の上に置いた。その近くでラクダたちが草をはんでいたが、サイーダが、「ラクダが、バッグを見て怖がってるよ」と言う。ラクダは、前になかった物を見ると怖がるそうだ。

先に書いた子ラクダ以外にも子どもが生まれたり、家族のラクダを預かっているため、今飼っているのは7頭だが、彼女は年をとり、世話が大変になってきたという。4、5頭くらいがちょうどいいそうだ。しかし、必要に迫られたり凶暴なオスであるなどの理由がない限り、売るつもりはない。

「もし手放して、誰か他の人の手に渡った後に放し飼いになって、水が飲みたくても泉に行けなかったり、車にひかれて死んでしまったりしたら、神さまに怒られる。どうしてラクダを手放したんだってね。私は死ぬまでラクダといっしょに暮らすんだ」

最後の晩さんはヒツジの脳みそ

最後の晩。その日サイーダの娘のウンム・ハナンが持ってきたヒツジの頭部を煮込んで食べた。

脳みそ、喉、耳、食道は、コリコリとした食感で、なかなかいける味だ。物珍しさも手伝って、つい食べすぎてしまった。

ところが——。

夜寝袋に入ってから、しばらくして胃がキリキリと痛み出した。イヤな予感がする。「そのうち、おさまるさ」と、不吉な考えを打ち消そうとしたが、意に反して痛みはどんどんひどくなる。初めて口にした物に胃が拒否反応を起こしたことは、容易に想像がついた。もともと胃腸には自信があったし、それまで砂漠で何を食べても問題がなく、自分の胃を過信していたのが、いけなかった。

とうとう予感が的中。吐き気をこらえきれず、枕元に吐いた。

サイーダの方を見ると、スヤスヤと寝息を立てている。私はほっと胸をなで下ろした。

吐いた物に砂をかけ、近くにあった石をその上に置いて、とぼけて寝袋に入ったのもつかの間……すぐにまた吐き気が襲ってきた。

2、3回吐いた後、彼女の方をふりかえると、枕元に正座して私を見ていた。手には2つに割ったレモンを持っている。

「肉を食べすぎたんだ。兄さんは、胃の調子が悪くならないように、いつもレモンをいっしょに食べていた。でも昨日はうっかり忘れていたよ。これを口に入れたら、少しはよくなるさ」

彼女はレモンをしぼって、自分の口の中に流し込むマネをする。

彼女の住まいである野営地を汚してしまって申しわけない気持ちと恥ずかしさが入り交じり、穴があったら入りたくなる。

寝袋に入ると、彼女が上から毛布をかけてくれた。

しかし寝返りを打つと内臓を刺激するのか、また吐き気が襲ってくる。野営地から10メートルほどの場所に走って行って吐いた。

ようやく吐き気がおさまったと思ったら、こんどは猛烈な喉のかわきが。運動して汗をかいた時とは違う、カッと喉の奥が燃えるような感じだ。

サイーダの水筒から空き缶に水を移して、一気に飲む。ふだんなら、ちびりちびりとしか飲めないような冷えきった水だったが、水がこれほどおいしいと思ったことはない。1杯飲んだだけでは足らず、さらに1杯、もう1杯……立て続けに飲む。

飲みながら、「もう水が残り少なくなってきたから、明日には泉へ行かないと」と、昨日彼女が言っていた言葉が、ちらりと頭をかすめる。今は1滴の水だって惜しいに違いない。だが背に腹は代えられない。

するとこんどは、体中がけいれんし始めた。ひょっとしたら、ただの嘔吐《おうと》ではないのかもしれない……いったいどうなってしまうんだろうと、急に心細くなる。もし何かあっても、明日になれば町から迎えが来る。いや、それだって当てにならない。

ホテルのベッドが恋しかった。温かなベッドに入って、思う存分休みたい。

不運は重なるものだ。

翌日、族長の次男のサーレムの車でハルガダへ帰る途中のこと。青く澄んだ紅海が見えてきたとたん、タイヤがするすると砂の上でから回りする音を出したかと思うと、突然エンジンがストップしてしまったのだ。

必死で車を押したりエンジンをいじったりするが、車はうんともすんともいわない。

やがて周囲が暗くなり始めた。眼前の町にポツポツと明かりがともり始める。

頭痛と腹痛はあいかわらずだった。早く温かいベッドで横になりたい。

もし車が動かなければ、サーレムと2人だけでここで夜を明かすのか？　トイレはどうする？　周囲には身を隠す岩陰もない！　様々なことが一気に頭の中を駆けめぐる。

目の前に見えるハルガダには、日中はさんさんと日差しが輝く青い海とビーチがある。お洒落《しゃれ》なカフェもナイトクラブもディスコもある。

なのに……自分はいったい、こんな所で何をやっているんだろう――。

2時間くらい試行錯誤し、もうこれ以上何をやっても無理と察したのか、サーレムは携帯電話で誰かを呼び出した。

待つこと1時間。前方から、見覚えのあるランドクルーザーが走って来た。運転しているのは、サーレムの兄のムライだった。

サーレムの車をそのままに、私たちはムライの車に乗り込んだ。やれやれ……。

今夜、砂漠でいっしょに寝ない？

「僕、誰だか覚えてる？」

助手席に座った私に、ムライは鼻にかかった甘ったるい声で言った。

こういうわかりきったことを、わざとらしく聞く男が、私は大嫌いだ。

「いつハルガダに来たの？　どうして僕に電話くれなかったんだい？」

前回サイーダの所から帰った後、私は砂漠に暮らす他の女性にも会いたいと思った。ムライに相談すると、快く案内役を買って出てくれた。「お金はいらない。僕は父親とは違うから」と言った。

ムライの父親である族長にサイーダの所へつれて行ってもらった時、私は族長の申し出通り、車代やサイーダとの食費を彼に払っていた。それをムライは知っていた。

砂漠行きは2日間予定されていた。1日目に、ある老女の所へ案内してもらった。その帰り道、ムライはさりげなく私に言った。「今晩、砂漠でいっしょに寝ない？」。

断ると、翌日、その日の砂漠行きは突然キャンセルされた。聞かなくても理由は想像できたが……。

もちろん、ただで案内するという誘いにいそいそと乗った私が悪い。しかし、その時は自分のことを棚に上げ、セクハラめいた発言をした彼に勝手に腹を立てていた。

この時まで、女一人であることの意味を深刻に自覚してはいなかった。エジプトでは、未婚の女性がたいした目的もなく、一人で遠出するようなことなど、めったにない。そんな所へ、イイ年した女が一人で海外から来て、ぶらっと砂漠へ出かける。それが男性たちにどんな印象を与えるか……私はそれまで何度もエジプトに来て、そのあたりは十分わかっていたつもりだったが、ついうっかり気がゆるんでいたのだった。

その後、サイーダの兄嫁の弟にサイーダの所へ連れて行ってもらった時はキスを迫られ、サイーダの兄のアブドルザハルには体を触られと、ドライバー問題には苦労させられた。

ホシュマン族の本を書いたジョセフ・ホッブス氏は、彼の信頼のおけるパートナーの遊牧民男性と、たびたび1ヶ月にわたって砂漠を旅し、彼らの居住区域をくまなく回り、砂漠に暮らす家族を訪ね歩いて話を聞いたという。

その話を本人から聞いた時は、心底うらやましかった。遊牧民女性は車を運転しない。砂漠を長期に旅するには、男性とでしかありえない。男と2人きりで、砂漠を1ヶ月旅をするには、女を捨てる覚悟がなければできない。


「ドクターに行くか？　お金は持ってるかい？」

むっつりと押し黙った私に、ムライが言う。

（砂漠の遊牧民は、食あたりくらいで医者に行かないんだ！）

と一人憤慨しつつ、ブスッと一言「ある」と答えた。

私のふてぶてしい態度に愛想をつかしたのか、彼はホテルに着くまで、いっさい口をきかなかった。


ホテルの部屋に入ると、熱いお湯を流しっぱなしにし、思う存分頭からシャワーを浴びた。ほとばしる湯が嬉しかった。両手で顔が洗えることも……。

砂漠では、いつも水を入れた空き缶を片手で持ち、中の水をもう一方の手に取って、なでるようにして顔を洗っていた。20日間砂漠にいて、髪の毛を洗ったのはたったの1回だけ。

ああ、自分はいったい何をやっているんだろう……。

「もう、2度と砂漠には行かない」

そう心に誓うと、夕食をとる気力もなく、ベッドに入って朝まで眠った。

第3章　祈りがもたらす心の安らぎ

ラマダンは楽しい?

２００４年11月。私はサイーダとラマダン月を過ごすために砂漠に来ていた。２００４年のラマダン月は、10月15日から約30日間。その期間すべて断食する根性はないが、せめて最後の10日間だけでもと思っていた。

日の出前から日の入りまで、いっさいの飲食が禁じられるラマダンは、苦行以外の何物でもないように思える。しかしラマダンが大好きだというエジプト人は多い。

理由はまちまちだ。コーランの啓示が最初に下された神聖な月だからという人もいれば、テレビで特別番組をやっていたり、町が夜通しにぎわっていたりしてお祭りみたいで楽しいという人、断食のおかげで胃腸が休まり、また頭の回転がよくなるという人もいる。遊牧民の場合はどうなのだろう。

アブ・ザワルから東へ10キロほど行った場所で、サイーダはサーラハ（62才）とスベタ（45才）の夫婦といっしょにいた。

サーラハは以前、サイーダの妹と結婚して、スエズという紅海沿いの町に住んでいた。しかし砂漠が好きなサーラハと、町が好きな妻の関係は、長くは続かなかった。

スベタと再婚したのは15年ほど前だ。夫婦は2ヶ所の定住地で暮らした後、遊牧生活に戻った。サーラハは今、近くの鉱山採掘現場でガードマンの仕事をしている。

午前3時。ラジオの音と話し声で目が覚めた。月は雲に隠れ、辺りは闇につつまれている。空気は身を切るように冷たい。

断食前の食事サフールを食べるために起きる。サフールを食べるのは、真夜中から夜明けまでの間ときまっているが、なるべく遅くとるのが望ましいとされている。

サイーダたちは時計を持っていないため、夜中に目を覚ましてはラジオをつけて、起きる時刻かどうか確認する。

ラジオがない頃は、星の位置を見て時刻を知った。この時期なら、夜もふける頃、北の地平線上から北斗七星が昇って来る。7つの星のうち4つ見えたら、サフールの時間だ。2つ、3つ……夜中に目を覚ましては、星の数を数えたという。

ラマダンは、新月が現れた時から次の新月までの29日か30日間。ラマダンの始まりも、今はラジオで知るが、当時は月の形で知った。最も細くなったらラマダン月の始まり。次第に太くなり、まん丸くなったら月の半ば。再び最も細くなってラマダン月が終わる。

スベタは体調がすぐれないため断食しないが、2人につられるようにして起き出した。妊娠中の女性や病人などは断食しなくてよいことになっている。

4時半。サフールをすませると、3人そろって礼拝。私はサフールを食べるために前日の夕食を少なめにしておいたため、お腹いっぱい食べることができた。これから1日断食だ。たっぷり食べておかないと……。

サーラハ夫婦は再び寝床に入るが、サイーダはずっと礼拝を続けている。

6時。辺りが明るくなってきた。サーラハは車で出かけて行き、サイーダとスベタは放牧に出発する。

男は自由でいたいもの

野営地から歩いて30分ほどの木の下に来て、荷物を下ろした。サイーダはすぐに昼寝を始めた。ラクダたちは、近くで木の葉を食べている。やがてスベタが料理する。つくるのはジャガイモの煮込みだ。にんにくを炒め、茶色くなってきたら、刻んだトマトを入れる。適度に水を加え、とろりとしてきたら、塩水につけておいたジャガイモを加える。

見ているうちに私は空腹に耐えきれなくなり、スベタに誘われるまま、ついつい食べてしまう。私たちが食べている横で、サイーダは昼寝から起き、礼拝を始めた。

ジャガイモを料理するスベタ

サイーダが初めてラマダンの断食をしたのは

10才の時だそうだ。最初は半月だけ断食し、少しずつ日数を増やして体を慣らしていった。

イスラム暦は1年が354日（ただし、30年に11回の割合でうるう年があり、その年は355日になる）。太陽暦よりも11日短い。そのためラマダンは毎年少しずつ前倒しになる。夏にあたった時は、さすがにつらいそうだ。日中のほとんどを日陰で過ごし、水でぬらしたタオルを顔や手足に当てて暑さに耐える。話をするのも控える。そうすれば、喉がかわかないそうだ。

「母さんは、ラマダン中に喉がかわいても、ゼッタイ水を飲まなかった。ずっと前、ラマダンが夏にあたった時、母さんは泉に行ったラクダを探しに行った。ラクダはすごく遠くに行ってしまって、見つけられずに帰って来た。戻って来た母さんは、話もまともにできないくらい疲れていて、帰って来るなり地面にへたり込んでしまった。私が『水を飲めば？』って言ったけど、がんとして飲まない。日陰にはって行って、断食明けの食事まで寝ていた。ラマダンの時は、私がいつも料理をつくったよ」

父親はふだんからタバコのすいすぎで体調がよくなく、ラマダンをしないこともよくあったそうだ。

「断食してないのに疲れている人もいるし、してるのに元気な人もいる。断食してる人を、神さまが助けているんだ」

その日サーラハは戻って来なかった。スベタにどこに行ったのか聞くが、彼女の答えは「知らないよ」のひと言だけで、そっけない。

「男は自由でいたいのさ。あまり詮索《せんさく》すると、『俺は男だ。どうして、いちいち人の行き先を聞くんだ』って怒るからさ」

とサイーダが私にさとす。

夫婦のなれそめは、ある日サーラハがスベタを遠くから見て、その姿を見そめたというものだ。その後、彼は彼女を知る人に評判を聞いて回った。きちんと礼拝するか、料理はできるか……。評判がいいので、結婚したそうだ。

「サーラハは、もう一人奥さんが欲しいってさ。フジヨ、独身でしょ。彼の奥さんになったら?」

とスベタ。冗談じゃないと思いながら、「イヤじゃないの?」と言うと、「どうして?

他にも奥さんがいた方が、いっしょに料理したり洗濯したりして、楽しいじゃない」。サイーダも「そうそう。一人で何でもやると、疲れるからね」などと言う。

「でも日本じゃ、男はマダムを2人持てないの」

と言うと、2人とも驚いている。

人も犬もなまけ者になった

翌日、同じ木の下で休んでいると、昼すぎにサーラハが帰って来た。町に車の部品を買いに行っていたという。


焦げ茶色に日焼けしたサーラハは、白いガラビーヤ（民族衣装）がよく似合う。そのすそをたくし上げ、ももひき姿で車の修理にいそしむ彼を横目に、サイーダは、

「スベタたちはラクダを2頭飼ってたけど、サーラハが車を欲しくて、ラクダを売って車を買ったんだ。スベタもラクダが好きだったのに」

と、ぼやいている。


ラクダ2頭で7000ポンドになったが、程度の良い中古車を買うには不十分だったよ

サーラハの車に家財一式をのせて野営地を移動

うだ。手に入れたのは1970年代製の軽トラックだが、サーラハは車の修理にいつもかなりの時間を費やしている。

前年のある寒い冬の日のこと。サーラハの家族は車で町に向かっていた。その途中、車が動かなくなり、やむなく砂漠で一夜を明かすはめになった。あいにく毛布は砂漠に置いたまま。家族は木の下に横になり、一晩中火を焚いて過ごしたそうだ。その日はいつになく冷え、ぶるぶるふるえながら一夜を明かした。翌朝、町まで歩いて行き、修理工を呼んで、車を引かせたという。

「やっぱり車よりラクダの方がいいでしょ？」と、私が言うと、「いや、車の方がずっといいさ」とゆずらない。「遊牧民は、車の修理も全部自分でやるんだ」と得意気に胸を張る。

彼は物を大切にする人らしい。ラジオは自分で縫った布のカバーに入れている。毛布は30年使っているそうだ。朝起きたら、すぐにケースにしまう。陽に当てないのが長持ちする秘訣《ひけつ》だという。

「フジヨ、こんど来る時は双眼鏡を買って来てくれ。オリックス[*1]を捕まえるんだ」とサーラハ。

オリックスを捕まえるには、犬をけしかけて山の上に追いつめる。行き場がなくなって立ち往生している間に、人間がオリックスを見下ろせる場所まで登り、上から大きな石を落とす。息のあるうちに、ナイフで首を切って殺す。

「昔の犬は、1キロ先にいるオリックスの匂いも嗅ぎつけて、後を追いかけて捕まえたものさ。足跡も知ってて、見つけたらホウホウッて吠《ほ》えて、人間に知らせた。でも今の犬は全くなってない」

事実、夫婦は犬を1匹飼っているが、たいした働きはしていないようだ。

「どうして、そうなったの？」

「人間がなまけ者になったからさ。昔の人は、遠くの方で男がゴホッて咳《せき》しただけで、ぱっと目を覚ました。犬も同じ。人が近くを通りかかったら、夜中でもすぐに飛び起きてワンワン吠えた。今の犬は、人が来ても気づかずに眠りほうけてる。今は食べる物がたくさんあるから、オリックスなんか見向きもしない」

ふだん犬にはパンの残りを与えるくらいだが、昔に比べればエサは多いのかもしれない。

「オリックスの肉は、ガナムよりずっとおいしい。砂漠の草とかきれいな物しか食べないから。最近の食べ物は農薬づけだから、たまにオリックスなんか食べたら、体がタイヘンさ。翌日はだるくて、起き上がるのがおっくうになる。でも次の日にはシャキッとして、肉を食べる前より体に力がみなぎってるのがわかるんだ」

彼は、今までオリックスを３５０頭以上食べたという。

「昔の人はみんな長生きだった。俺の祖父は１０５才まで生きた。農薬を使ってない食べ物を食べてたから、みんな健康だった。町にある食べ物は農薬づけ。今じゃ、遊牧民も病気だらけさ。糖尿病、肝臓病……健康な人間を探すのが難しいくらいだ」

ハルガダや定住地に住むホシュマンで、糖尿病の人が30人ほどいるという。

「日本に農薬はあるのか？　でもエジプトみたいにたくさんは使ってないだろう？　エジプト人は、何でもかんでも食べさせられている」

確かに、ハルガダの市場で、農薬らしき白い粉がうっすらついた野菜が、山のように積まれているのを見かける。それでも、遊牧民以外のエジプト人からは、サーラハのような意見は聞かない。

「定住地の子どもたちは、農薬なんか、これっぽっちも気にしちゃいない。でも昔のおいしい野菜の味を知ってる俺たちにとっちゃ、今の野菜は野菜じゃない。トマトなんてオレンジみたいに甘かった。身が堅くて、地面に落としても簡単に割れなかった。今のは水分ばかり。オレンジは遠くに置いても、ぷーんていい香りがただよったよ」

横で聞いていたサイーダも言う。

「缶詰の牛肉だって、昔は炭の上に置いて焼くと、すごくいい匂いがした。今は外側の絵は同じでも、中身はぜんぜん違う。小麦粉もずっとおいしかった。それでパンをつくって食べたら、ああ、もうたまらない！　少し食べただけで、お腹いっぱいになった気がしたものさ」

そう言って、なつかしそうにつぶやいた。

「ラジオも昔はずっとよかったんだ。ニュース、コーラン、金曜日のイスラムの説教、明日はどこそこで雨雲がある、雨が降る……あの頃、ラジオの言葉は美しかった。一晩中聞いていていたいくらいだった。でも今じゃ、戦争のニュースばかりさ」

1分後には死んでしまうかも

ある日の午後、いつもの木の下で昼寝をしていると、サイーダがやって来て私を手招きする。ワーディーの向かいの木の下につれて行かれた。

「ほら、スベタは木の下をよく見ないで犬をつないだから、ハナシュが犬を噛んだんだ」

根元につながれたスベタの犬が、ハーハー苦しそうに息をしている。

「ここにじっとしていて」と私に言うと、周囲の地面を丹念に調べ始めた。ハナシュは体を土中に埋めて頭だけ外に出していることもあるため、注意深く探さなければならない。

「あっちにもこっちにも……ハナシュの跡がたくさん！　今さっき、つけられたものだ」

彼女は毎日2、3匹のハナシュを見つけるという。2週間ほど前にも、近くのワーディーでハナシュを見かけたが、大きな岩の下に隠れてしまい、退治できなかったという。やがて、木の下を指さして言った。「あそこを見てごらん」。よく目をこらすと、とぐろを巻いたハナシュが根元近くにいた。いつものように忍び足で近づき、ハナシュを棒で持ち上げて放り投げると、地面に落ちたところを、ギュッとおさえつけた。

犬がハナシュに噛まれた場合、毒の量が多ければすぐに死亡するが、少なければ、毛が徐々に抜け落ちるなどして弱りながら死んでいくという。1週間もちこたえれば、生き残る。結局、毒はそれほど強くなかったようで、犬はその後、少しずつ元気を取り戻していった。

ホシュマンの中には、ハウイと呼ばれる人がいる。ハウイの唾《つば》をハナシュに噛まれた場所に付けると、毒が消えるそうだ。またハウイはハナシュに噛まれても死ぬことはない。生まれた子をハウイにするには、生後20日から40日の間に、ハウイの唾を子どもの口に含ませる。朝食を食べる前の1日1回、それを3日間くり返す。生後40日をすぎると効果がないそうだ。その間、なるべく栄養のある食べ物を食べさせる。

今は嚙まれても、車を飛ばせば1時間でハルガダの医者に行ける。そのためハウイも少なくなりつつあるという。

だが、ラクダではそういうわけにはいかない。サーラハが、ラクダを売って車を欲しがる気持ちがわかる気がした。サイーダですら、ある日野営地を移動する時、サーラハの軽トラックに自分の荷物を積みながら、「車1台で荷物をぜんぶ運べる。やっぱり便利だねえ！」と、大喜びしていたくらいだ。

彼女はこれからずっとサーラハたちといるわけではない。一人の時にハナシュに嚙まれたら、どうするのだろう？

「でも、私には神さまがついてるから大丈夫さ」

「それでも嚙まれてしまったら？」

「死ぬしかないね」とぼそりと言った。

しかし怖がっている様子はない。

イスラム教徒にとって、「死」は人生の終わりではない。彼らにとっては、来世こそ本当の永遠の生だ。「死」は、来世への始まりでもある。私たちにとっての「死」とは、また違う意味を持っているのかもしれない。

だからといって、彼女が全く死を恐れていないかといえば、それも違うようだ。彼女は以前、こんな話をした。

一人の男が町に住んでいた。ある日の昼食後、彼はしばらく横になっていた。やがて夕方の礼拝の時刻が来て、娘が起こしに行った。しかし、なかなか起きない。手や顔をひっぱたいたが動かない。死んでいるとわかり、人がたくさん集まって来た——。

「だからいつでも、この1分後に自分は死んでしまうかもって考えているよ」

礼拝中は、いつも死について考えるという。

彼女は毎日5回、それも1回にゆうに30分は祈っている。祈りはまさしく暮らしの中心だ。最初は、そんなに祈る時間があったら、もっと他のことをすればいいのに……と思ったものだ。私にとって、祈ることは非生産的な行為にしか見えず、それに多くの時間を費やす意味が理解できなかった。

しかし、やがて何度か彼女と暮らすうちに、この草木の乏しく厳しい環境にあって、祈るという行為が心の平穏や安らぎにつながっているに違いないと思うようになった。

遊牧生活は、天候など周囲の環境に大きく左右される。家畜を増やしたくとも、雨が降って草が生えなければ、どうすることもできない。そんな彼らの置かれた状況が、運を天にまかせる、すなわち人間以外のもっと大きな、神のような存在を信じる姿勢につながっているのではないか。

彼女はイスラムについて特別教育を受けたわけではなく、『コーラン』も読んだことはないという。父親や兄が町のモスクに行った時に説教を聞き、それを彼女に教えただけだ。それでも彼女が、町のイスラム教徒と何ら変わらず、いやそれ以上に信心深く見える背景には、その置かれた環境が影響しているに違いない。

砂漠では、1年の節目となるのはラマダンだ。「ラマダンの前に○○をした」とよく言われるが、○月や○日とは言わない。

砂漠の1日も、祈りでゆるやかに区切られる。「午後の礼拝の後、○○をした」「誰それが日没の礼拝の頃にやって来た」などと言う。

祈りの時間は、太陽の位置を見て決める。正午すぎの礼拝は自分の影が最も短くなった時、日没後の礼拝は、腕を目の高さに持ち上げ、うぶ毛が見えなくなった時という具合だ。

砂漠の暮らしは、いつもゆるやかで、そして大地と密接に関わり合っている。

日本のオンナをつれて来い

結局、断食するために来たにもかかわらず、ほとんどできなかった。

ラマダン最後の食事も、毎日のように食べているパンとそら豆の煮込みだ。月が細いために辺りはうす暗い。手元がよく見えないが、皆いつものようにすごいスピードで食べる。私も食べ遅れないよう、手で食べ物のありかを探りつつ、必死で手と口を動かす。

皿に盛ったそら豆はあっという間になくなってしまい、鍋の残りを皿に移す。

もし電気があり、テレビがあったら、これほど食事と会話に夢中になれるだろうか？

「フジヨ、こんど来る時は日本からオンナをつれて来てくれ。俺はあと3人マダムが欲しいんだ」とサーラハが言えば、スベタも負けずに、

「サーラハはフジヨにやるから、日本のオトコをつれて来て」

「私にも！」

とサイーダも言う。彼女はこのままずっと、スベタたちといっしょにいないのだろうか。

「この後どこに行くかは、神さまだけが知っているんだ。ラクダが水を飲みたがるかもしれないし、そうしたらまた泉の近くへ行く」

日が暮れて1時間もしないうちに、空は満天の星で埋めつくされる。

地球上に自分たちしかいないような錯覚を覚えながら、私は心の中にぽっと炎がともったような温かな気持ちで、彼らの話に耳を傾けていた。

＊1　大型のレイヨウ。角が雄雌両方にある。砂漠や草原で群れていることが多く、夜や早朝に草や果実、根などを食べる（『原色ワイド図鑑3　動物』学習研究社）。

第4章　雨で人も物も流される

電話のない遊牧民を見つけるには

遊牧民はどのくらい移動するのかとよく聞かれる。ホシュマン族の場合、全く雨次第だ。雨が降れば、その都度そこへ移動する。かつては1ヶ月間ずっと移動し続けることも、よくあったそうだ。

近年のようにほとんど雨が降らない場合は、夏・冬は1ヶ所にとどまっていることが多い。夏は動物が頻繁に水を飲むため、泉の近くにいる必要がある。冬は荷物が多くなるため、草が豊富に生えている場所に長く滞在する。

それ以外の季節は、草が豊富で、泉からあまり遠くない場所で、草の状態などを見ながら少しずつ移動する。日に2、3時間ほど、時にはほとんど移動しない日もある。

雨雲を見れば、どの辺に雨が降ったかがわかる。翌日、男2人くらいがそこへ出かけて行き、雨が降った場所を特定する。その情報が人から人へと伝わっていく。

1ヶ月は無理でも、雨の降った場所へ旅をしてみたいと、ずっと思っていた。そして、ここに通うようになって3年たつ頃、ようやくその機会が訪れた。

2006年2月、サイーダは冬の野営地であるアブ・ザワルからサムナに移動することになっていた。サムナには前年のラマダン月に少し雨が降り、草が生え始めていたからだ。雨が降って2、3日後に草が生え始め、2ヶ月ほどでガナムが食べられる大きさになる。ラクダが食べられるほどになるのは、その1ヶ月後だ。口の構造上、ラクダは背の低い草を食べられないからだ。

サイーダは、彼女の所に立ちよる人たちの情報を聞きながら、草がラクダが食べられるくらいに生長するのを待っていた。

アブ・ザワルは、ケナとサファガを結ぶ幹線道路〔地図〕の北にあり、サムナは南にある。移動は、この幹線道路を横切る3日間ほどの行程だ。その旅にぜひ同行したいと思った。問題は、どうやって出発の日を知るかだった。電話を持たない彼女に、その日を聞くわけにもいかない。

私は、当時ハルガダのビーチ沿いに借りていたアパートを拠点に、ハルガダに住む遊牧民を訪ねては、こまめにサイーダの近況をたずねていた。町に住む遊牧民は、砂漠に暮らす人がどの辺りにいるかを、かなり正確に知っているからだ。遊牧民同士が会った時、「誰々は今どこそこにいる」という話が必ず話題になる。「どこそこ」は、特定のワーディーだったりするが、それは一度砂漠に暮らしたことのある人であれば誰でも知っている。

一方、サイーダのように砂漠にいる人も、町や定住地にいる人の近況をよく知っている。族長の長男ムライが外国人女性と問題を起こして一時牢獄に入れられたことなど、その本人が隠しておきたいようなことも、私はしばしばサイーダを通して耳にした。

私がサイーダを訪ねると、その話はすぐ遊牧民の間に伝わった。そして誰かに会うたびに、「サイーダの所に行ったんだって?」と言われたものだ。初めて会う人も私のことを知っているのには驚いた。こうして私のことは、ここに来て2～3年のうちには、ほとんどすべての遊牧民の知るところとなった。

最後に通った車のわだちを見分ける

やがて彼女が移動するという情報が私の耳に入った。

翌日、さっそくハルガダに住むムティール（52才）という男の車で彼女の所へ向かった。朝8時にハルガダを出発。アブ・ザワルの野営地に着く頃には11時を回っていた。サイーダの姿はない。

ムティールは車から降りると、炉の周囲をぐるぐると歩き回り、地面を丹念に見つめている。やがて車に戻って来ると私に言った。

「ロバをつれた女性と小さな女の子といっしょに移動したらしい」

ムティールによれば、この日の朝早く、1組の夫婦と子どもがサイーダの所にやって来た。前回のラマダン時にサイーダといっしょだったサーラハとスベタ夫婦のようだ。食事の後、サーラハは車に乗り、サイーダとスベタらは、歩いて移動したらしい。

私は炉の灰を触ってみた。ほんのり温かい。さっきまで、ここにいたのは明らかだった。

ああ、もう少し早く来ていれば……全身からみるみる力が抜けていった。

せっかくここまで来て、ハルガダに引き返すのも無念だ。今から追えば間に合うと判断

サムナへ移動するサイーダとスベタ

し、私たちは後を追った。

サイーダたちの足跡をたどりながら車を走らせる。

ところが、30分くらい走った頃、小高い山のふもとまで来て、突然足跡が消えてしまった。ここからは山を登って移動したようだ。

これ以上足跡を追うのは無理だ。やむなく、ムティールは、サーラハの車のわだちをたどって走り出した。

砂の上には無数のわだちがあるが、その中で、サーラハのものは「右側のタイヤにギザギザがなく、左側にはある」ので、わかるという。サイーダの野営地にあった跡を見て、頭にたたき込んだそうだ。

彼はハルガダに暮らして30年近くになるが、砂漠で生まれて20才まで砂漠に暮らしていたため、動物の足跡やタイヤの跡を見分けることができる。

この砂漠のわだちについては、他にも驚くことがあった。

あるホシュマンの男の車でハルガダに向かっていた時のことだ。途中で1台の軽トラックとすれ違ったが、100メートルほど離れていたため、誰の車かわからなかった。しばらく走ってから、男は車から降りて、地面を見ている。すれ違った車の主をわだちで知るためだ。そこはハルガダと定住地を結ぶ通り道で、頻繁に車が通り、無数のわだちがあるが、最後に通った車のものはわかるという。


アブ・ザワルから1時間ほどで幹線道路に出た。

ここを横切る際には注意が必要だ。観光客が乗ったバスやタクシーのコンボイが通るからだ。コンボイの前後には護衛の警察車両が付いていて、万が一それと鉢合わせしたら、私が遊牧民の車に乗っているのが見つかってしまう。

本来外国人は、政府か旅行会社のバスやタクシー以外に乗ってはいけないことになっている。イスラム原理主義組織による外国人を標的にしたテロを政府が警戒しているためだ。道路から死角になる場所に車を停め、様子をうかがう。そして慎重に道路を横切り、再び砂漠のわだちをたどって走り続けた。

さらに走ること1時間。ようやく1本の木の下に停まっているサーラハの車を見つけた。サイーダたちとは、ここで落ち合うことになっているという。

3人でお茶を飲んでいると、太陽が西に傾く頃、動物をつれたサイーダたちが現れた。

ムティールと別れ、さらに南へ1時間ほど歩いた場所で、私たちは野営した。

夕食はサーラハが用意した。人数が多いため、直径30センチほどの大きなゴルスをつくる。ファティールを焼く鉄板は、アブ・ザワルの野営地に置いたままだ。これからしばらくはゴルスだけを食べ続けることになる。飽きないのかと心配だが、彼らにとっては、鉄板が重荷になって移動に支障をきたす方が問題なのだろう。

風が草のさわやかな匂いを運んでくる。

雨が降り出したら、荷物はすぐに山の上へ

サイーダが幼い頃、この近くで家族と野営していたことがあるそうだ。

ある日、彼女は一人で放牧に出かけた。疲れて岩陰で昼寝をしていると、突然雨が降り出した。

「ガガガガ……ッて、すごい音がして飛び起きた。空がどんより曇って、ピカピカ稲妻が光っている。すぐにザーザーッて激しい雨が降り出した。ガナムは一目散に山の上に走って行った。でも雨はすぐに止《や》んだ。ガナムが山を下りて雨水を飲み始めた。それを見たら、すごく嬉しくなった。私が無事に戻って来たのを見て、母さんはとても喜んだよ」

1時間も降ると、水が川のように流れて来るという。たいてい、ゴゴゴゴ……とすごい音がするそうだ。それが3日間続くこともある。

「水かさが頭より高い時は、高い岩山に登って水が流れるのを眺めるんだ。水が少ない時は、水の中でよく遊んだ。私たちは雨が大好きなんだ。しばらくして草が生えてくる。花みたいな匂いがして、毎日その匂いを嗅いで楽しんだよ」

「水が多い時に泳いだりできないの？」

「そんな時に水に入ったら、死んだも同然さ。流れはすごく速いんだ。まず助からない」

まだ子どもが2人しかいなかった時、遊牧に出かけた先で雨に降られた。たちまちワーディーに川のように水があふれ、ヒツジが10頭流されてしまったという。

ラクダやヤギは、雨が降ったら一目散に山の上に駆け登るが、ヒツジやロバはじっとしている。そのため人間が山の上へ追い立てなければならない。

稲妻が光って雨雲が空一面に広がったら、すぐに雨が降る。その前に、荷物を全部持って岩山の上に登らなければならない。遠くで降っても、水はあっという間に流れて来る。

「降ったのが遠くなら、水が来るのに1時間。近かったら30分。遠かったら荷物を山の上に運べるけど、近けりゃムリ。自分だけでもとにかく山に登らないと、流されてしまう」

水量が多いか少ないかも問題だ。音を聞けばわかるという。ゴゴゴゴ……そんな音の時は、何をおいても一目散に山へ逃げる。山が近くにあれば、荷物を2つ、3つ運べるが、遠くなら、その余裕はなく、自分だけでも山に走って行って登る。

彼女の野営地はたいてい山すそにあるが、雨が降った場合を考えてのことだ。

荷物を置いたまま別の場所へ移動する時は、必ず荷物を山の上に運んでおく。雨が降ったら食料も水も流されてしまうからだ。もし冬にそんなことがあれば、大変だ。枯木がぬれてしまって火が点けられず、服もぬれて代わりもない。近くに誰もいなければ凍死してしまう。

ずっと以前、サイーダの母親のヌウェイジャが他の家族と砂漠で暮らしていた時のこと。ある日の夕暮れ時、遠くの方で雨が降り出した。彼女は急いで自分の荷物を山の上に運び、いっしょにいた家族にそうするように言った。ところが、彼らは「平気さ」と取り合わない。彼女は雨水の恐ろしさを聞いて知っていたが、彼らはそうではなかった。

雨が降って山の上にたまった水

思いのほか、雨水は早くやって来た。彼らは、「キャーッ」と悲鳴をあげた。小さな子どもを山の上につれて行くので精一杯。荷物はすべて流されてしまったという。

ある耳の聞こえない男が、一人で野営していた。日が暮れて、少し離れた場所で雨が降り出した。男は雨水が流れて来る音は聞こえなかったが、自分のところに流れて来た水を感じて飛び起きた。幸い水は少なかった。もし水が多かったら、流されていたところだったという。

2人の男がたくさんのラクダをつれて砂漠を歩いていた。日が暮れる頃、雨が降り出した。一人は急いで山に登った。もう一人は、ラクダの足を縛る縄を取りに行った。そして山に向かおうとしたちょうどその時、水が来てしまった。男はあわてて近くの木に登った。その日は一晩中雨が降り続いていた。山に登った男は、木に登った男が「おーい!」と叫ぶのを聞いたという。しかし水量は多く、男は倒された木もろとも流されてしまったそうだ。

「雨が降ったら、大地はきれいになる。ゴミも動物の糞も流してしまうから。今は大地が汚れている。人間が悪くなったから神さまが怒っているんだ」

ママは若くないからね

翌日もさらに南へと移動した。

途中に生えている背の低い草を手で摘んでは、ラクダに食べさせて歩く。

昼すぎに、サイーダの息子のフラージュが、後を追ってやって来た。サーラハたちと落ち合った木の下で私たちの足跡を見つけ、たどりながら来たそうだ。

ムティールは私を送り届けた後、サイーダの夫がいる定住地に行き、私たちの話をした。そこに住むフラージュがそれを聞き、母親とラクダの世話をするためにやって来た。

彼に、これからどのくらいサイーダといっしょにいるのかと聞くと、横で聞いていたサイーダが、「定住地には若い女の子がたくさんいるけど、ママは若くないからね。すぐイヤになって戻るにきまってるさ」と息子をからかう。

日が暮れる頃、鉄道を越えた。フラージュが、怖がって鉄道の前で立ち往生するラクダたちを上手に誘導する。鉄道を越えた場所がサムナだ。

こうしてアブ・ザワルを出発してから3日間、ひたすら歩き続けてサムナに到着した。

第5章　お客さま扱いの頃をすぎて

皿を洗った水も飲む

「今日は小麦粉を持って来なかったのかい？」

私を見るなり、サイーダはブスッとした顔で言った。

前回の滞在から2ヶ月後、彼女はアボ・カルブに移動していた。鉄道をはさんでサムナと反対側だ。この広いワーディーには、ところどころに木が生えている。

「まだ小麦粉があると思った」

と私が言うと、

「前にフジヨが帰る時、後で小麦粉を送ってくれって言ったのに。あの後、車が1台も通らなかったよ」

と、ふてくされている。覚えはないが、聞きもらしたのだろうか……。

最後に小麦粉を買ったのは2ヶ月前だという。

小麦粉こそないが、私はいつも通り、十分な食料を持って来ているつもりだった。そら豆の缶詰3個、ツナの缶詰3個、バター、お茶、砂糖、コーヒー、米、ジュース、マカロニ、ジャガイモ2キロ、レモン1キロ、リンゴ1キロ、メロン3個……。これらを市場で買い集め、車の荷台まで運ぶのは、ちょっとした重労働だ。

「まったく、なんてこった！」

日なたを歩くたびに、サイーダはブツブツ言っている。

5月といえば、砂漠ではすでに夏。日中の気温は40℃を超える。そのため、日中はほとんど日陰で過ごす。たまに日なたに出ると、5分も歩けば喉がかわく。

ラクダに草を食べさせようと近くのワーディーに追いやるが、すぐに戻って来てしまう。

「喉がかわいてて、泉に行きたいんだ」

とサイーダ。泉があるのはワーディーと反対の方向だ。

草が豊富にある場所が泉から遠いため、泉に行くのが遅れがちになっている。この時期ラクダは5日に1回水を飲むが、もう6日間泉に行っていない。

そのため私の水の使い方に関しても、いつも以上に口うるさくなる。私が鍋や皿を洗っていると、「そんな洗い方じゃダメ！　水は少しだけにして、こう洗うんだ」と、私から皿をつかみ取り、ほんの少しの水を皿に注いで洗ってみせる。その洗った水は捨てずに自分で飲む。

水1滴で文句を言われる

来て3日目に、ようやく泉に行く日がやって来た。

ラクダたちは、5時には起き出して、そわそわしている。

朝食もそうそうに、暗いうちから荷物をまとめる。泉まで歩いて1時間。日が昇れば、たちまち暑くなってしまう。なるべく涼しいうちに泉に着く必要があった。

ラクダに水を飲ませた後、私とサイーダは、それぞれ水浴びをした。その時、私はちょっとしたそそうをしてしまった。泉にあったプラスチック容器を誰かが置き忘れた物とかん違いし、それに水をくんで、山の裏手に持って行って水浴びをしたのだ。

戻ると、サイーダがすごい剣幕で言った。

「まったく、フジヨは水浴びが長いんだから！　その入れ物は共有なんだ。他の人が動物をつれて来ても、水を飲ませられないじゃないか」

自分だって、いつも水浴びは長いくせに……喉から出かかった言葉を呑《の》み込む。

事実、あまり頻繁に水浴びをしない彼女は、水浴びに費やす時間が長い。が、彼女の言っていることは、もっともだ。

何より、私には取材させてもらっているという引け目がある。面と向かって文句を言って嫌われでもしたら、二度と会いに来られないかもしれない。


この頃、私は5ヶ月間に4回と、やや頻繁に彼女の所に来ていた。それまでは年に1、2回のペースだった。そこには、早く結果を出したいという焦りがあった。ホシュマンの、あるいはサイーダの本を書きたいと思っていたからだ。

しかし実際には、遊牧は毎日が同じことのくり返しだ。そう劇的なことが起こるわけではない。この調子で本など書けるのだろうかと何度心の中でため息をついたことだろう。

最初に砂漠に来た時のワクワクした気持ちはとっくに過去のものになっていた。それどころか、砂漠に来ると、初日から町に帰る日が来ないかと思い始める始末だ。毎日同じような日課と同じような食事。滞在中、全く水浴びできないことも多い。

日中ラクダを放牧させている間は、昼寝くらいしかやることがない。この何もしない時間が、何より苦痛だった。時間をムダにしているような気がしてならない。

私は砂漠が好きではなかった。遊牧民がいなければ、決してこんな所には来なかっただろう。砂と山と空ばかりの荒涼とした砂漠は、何も面白い物などない気がした。砂漠からハルガダに帰り、通りに人が、スーパーに物があふれる光景を見るたびに、私は心底嬉しくなった。

サイーダの神経の細かさも、私を疲れさせる一因だった。

たとえばこんなことがあった。以前彼女がいない間に、ポリタンクから自分の水筒に水を移した時、うっかり水を地面にこぼしてしまった。それはほんの1、2滴だったのだが、戻って来た彼女がそれを目ざとく見つけ、文句を言うといった調子だ。

そのため、自分の水筒に水を移すのは、サイーダがいないスキをねらってやるありさまだ。歯を磨くのにも苦労する。彼女は歯を磨かない。自分だけ磨くのも水をムダにしているようで気がひけて、目立たないよう岩山の裏に行って磨いたりと気を遣う。

サイーダにとっては、私が来ても迷惑なだけじゃないだろうか？　何度も来ているのに言葉は上達せず、ゴルスも焼けない。皿を洗えば、いくら口を酸っぱくしても水をムダにする。ただ金魚のフンのように彼女の後にくっついて写真を撮ったりするばかりで、ろくに仕事もしない。私がいる分、小麦粉も余分に必要になる。荷物をのせるラクダの負担も増える……。

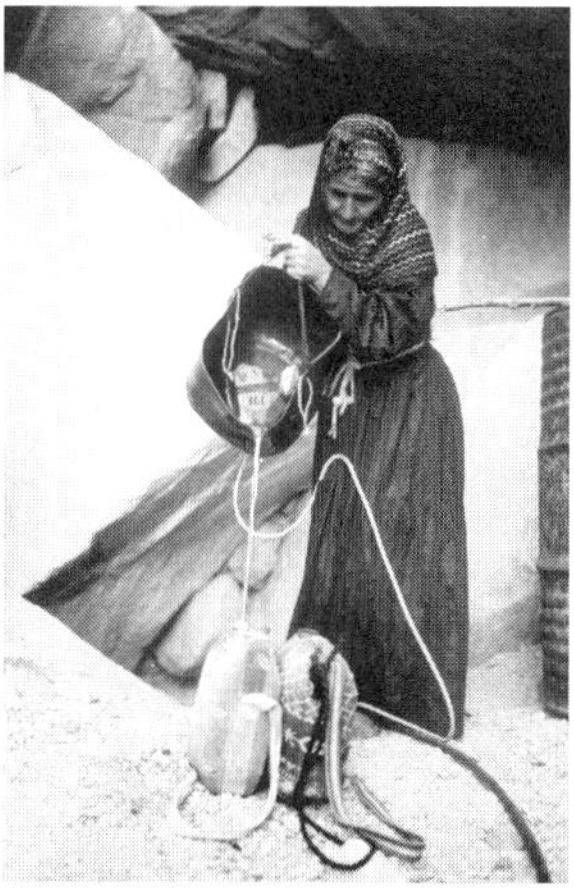
山の上にたまった雨水をくむ

砂漠で恐いのは水がなくなることだけ

翌朝、出発のため荷物をまとめている最中にも、ちょっとした事件が起きた。

数日後にここへ戻って来るため、すぐに必要になる物以外は置いて行くことになっていた。その中には、水の入ったポリタンクが2

つあった。それを見て私が、「水も置いて行くんだね」と何気なく言ってしまったのが、いけなかった。

彼女の顔がみるみる不機嫌になったかと思うと、持っていたスプーンを、そばにあった袋めがけてぽーんと放り投げ、仏頂面で、プイッとラクダの方へ行ってしまったのである。

いったい何が起こったんだろう……。やがて、はっとした。

私の荷物が加わった分、ラクダに積めたはずのポリタンクを置いて行かざるをえなくなったのかもしれない。荷物を積めるラクダは1頭しかいない。そんな事情もわからず、のんきに「水も置いて行くんだ」と言った私に腹を立てたのではなかろうか。

以前、彼女はこう話していた。

「ラクダには、荷物を積みすぎちゃいけない。ラクダでも疲れることがあるし、疲れて死ぬことだってある。ラクダはしゃべれないから、人間にはわからない。でもラクダとたくさんいっしょにいたら、わかるようになる」

砂漠で移動しながら暮らすと痛感するのは水の重さだ。衣服や食器など、たいした重さではない。だが水がなければ死んでしまう。

いつも泉の近くにいられれば問題はないが、泉の近くはたいてい草がない。水を飲みに来た人の家畜が食べてしまうからだ。遊牧するのは泉から離れた場所になる。水がなくなれば、2、3時間歩いて泉へ行く。水をくむのも重労働だ。深さ30メートルの泉の底に下ろしたバケツの水を滑車を回してくみ上げる。その水をポリタンクに移す。水が満タンになったポリタンクの重いこと！　それを女手ひとつでラクダに積む。

苦労してくんだ水も、料理やお茶、飲み水と使ううちに、あっという間になくなってしまう。「砂漠では水は高いんだ。夏は特にね」とサイーダは言うが、それは真実以外の何物でもない。

砂漠に暮らす遊牧民で、水がなくて亡くなった人は、ハナシュやサソリに襲われて亡くなった人よりも多いという。夜間ラクダの足を縛っておかなかったために、勝手にどこかに行ってしまい、翌日その足跡を追っているうちに、持って来た水が尽きて亡くなってしまった人、泉に着いたら、先に来た人が水を飲み尽くしてしまっていて、飲む水がなくて亡くなった人……。

「遊牧民の若い女は、砂漠で一人で寝るのを怖がらない。彼女が恐れるのは、水がなくなることだけ」とは、よく言われることだ。

サイーダはしばしば、いらなくなった発泡スチロールを水筒のふたの形に切り取り、ふたの裏側に貼りつけている。ふたと注ぎ口との密着度を高めるためだ。

水筒のふたは必ずしつこいくらい強く閉める。エジプト製の水筒はふたの閉まりが甘いことが多い。それを倒したままにしておくと、少しずつ水がしみ出て、すっかりなくなってしまうこともある。

「私たちは経験から知っている。外国製の水筒はそんなことはない。でも、ここじゃ、めったに手に入らないからね」

サイーダに水の使い方で注意されると、「髪を洗うのも我慢してるのに……」と腹が立ったものだが、それは、ろくに自分で水をくんだこともない者の、独りよがりな考えにすぎないだろう。

水の1滴1滴を得るために、砂漠の遊牧民がいかに多大な労力と時間を使っているのか。それを知らず、水道の蛇口をひねれば水が出るのが当たり前の暮らしに慣れきっていた自分が恥ずかしくなった。

ゴルスづくりに初挑戦

どうしよう……。私はさっきから、一人でうじうじと考えていた。

最後の夜だった。

いつものように、日が暮れた後もラクダに付いているサイーダを残し、一人で野営地に戻って来た。彼女が帰って来るのをただ待つのか、それともゴルスをつくろうか……。

このところ、彼女との関係が上手くいっていないと感じ、何とかしなければと気ばかり焦るものの、私はどうしたらいいか途方に暮れていた。

彼女は時々、「ゴルスでもつくってくれればいいのに」と私に文句を言うが、私が焼いたゴルスなど、食べたいと思うだろうか？　それに、上手くできなかったら、小麦粉をムダにしたと叱《しか》られるかもしれない。やっぱりやめようか……。

以前、彼女にファティールをつくらされたことがあったが、出来ばえはいまひとつで、彼女はそれを一口食べただけで、飼っていた犬にあげてしまったことがある。

だがこのまま何もしなければ、彼女との関係が芳しくないまま、町に帰ることになる。えいやっと、ようやく意を決して、ゴルスをつくることにした。

鍋に水と小麦粉を入れ、ゆっくりとこね始める。周りに小麦粉が飛び散り上手くいかない。これまで何度もサイーダがつくるのを見てきたが、見るのとやるのでは大違いだ。

こねながら、ひとまとめにした枯木に火を点ける。

サイーダが昼間歩き回って集めた枯木だ。使いすぎて叱られてはまずいと、ケチッたのがいけなかった。できた炭の量が十分でなく、生地の上にまんべんなく行き渡らない。一部分を焼いたら、炭を移動させて他の部分を焼く。そうこうしているうちに、時間ばかりたってしまい、だんだん炭の熱も弱まってしまう――。

以前、彼女が話していた言葉を思い出す。

「初めてゴルスをつくったのは8才くらいの時。その前から、母さんがつくるのを見てたから、つくり方はよく知っていた。でも最初は、上手くつくれなかった。ゴルスの表面に焦げがたくさんできて、汚くなってしまう。何度もつくっているうちに、大きめの石やゴミをどかして、地面をきれいにすれば、ゴルスもきれいに焼けるってわかってきた。あと大切なのは、枯木をたくさん燃やして、十分な量の炭をつくること。そうしないと、おいしいゴルスはできない――」

炭を増やそうと炭の上に枯木を置いてみるが、火が上手く移ってくれない。結局、炭が不十分なまま、ゴルスを焼くことになってしまった。

いつの間にか、辺りは真っ暗になっていた。ラクダをつれてサイーダが戻って来た。果たして、どんな反応が返ってくるだろう……。

「ゴルスをつくっておいたよ」

と彼女に言うと、

「えっ、本当?」

驚いている彼女に、ゴルスを差し出す。期待と不安が入り交じった気分だ。

「おいしいかどうか、わからないよ」

と遠慮がちに言うと、

「おいしいにきまってるじゃないか! さあ、タマネギといっしょに食べるか、ハチミツかい？　どれにしようか……」

と、声がいつになく興奮でうわずっている。

心配していた塩の量も、ちょうどよかったようだ。

私のつくったゴルスを、彼女はいつもよりたくさん食べてくれた。私の心の中に、じんわりと安堵《あんど》感が広がっていった。

砂漠で隠しごとはできない

翌日私を迎えに来たムティールに、サイーダは、私がゴルスをつくったことを興奮気味に話していた。

私がゴルスをつくったという話は、いつものように遊牧民たちに伝わっていった。その後、定住地や町で会う人ごとに「ゴルスをつくったんだって？」と言われたものだ。

これが、ファティールだったら、それほど話題にならなかったに違いない。鉄板で焼くファティールは、ある意味、文明の道具を利用している。しかし、ゴルスは砂漠の砂と炭だけで焼くものだ。これは私の推測にすぎないが、彼らにとって、ゴルスはファティール以上に深い愛着のあるものではないだろうか。

後日、友人をつれて日帰りでサイーダを訪ねた時のこと。パレスチナ出身でアラビア語堪能な友人に、彼女は嬉しそうに話していた。

「火のおこし方とか、ラクダの糞の集め方とかパンの焼き方とか、砂漠で暮らす方法は、みんな私がフジヨに教えたんだ」

彼女の生き方、砂漠で生きる中で培われた知恵、技術などを、教えてくれた通りに他の人へ伝える。それができたら、多少水をムダにしたことも許してもらえるのではないだろうか。

第2部　うつりかわり

Changes

「今は結婚しているマダムですら、
他の男に目移りするようになった。
くっついたと思ったら、
すぐに別れて他の人といっしょになる。
昔はこういうのはあまりなかった。
男は男でお茶を飲み、
女たちは、離れた所で食事をつくる。
そういうのがいいって親から教わった。
でも今は男も女も変わった。
定住地で暮らしてからさ」

――サイーダ・スリマン

第6章　収入の安定とひきかえに失ったもの

雨が去って観光客が来た

現在、ホシュマン族の多くは砂漠の中の定住地に暮らし、観光客相手の仕事をしている。1997年を最後に雨らしい雨が降らなくなり、遊牧が困難になったからだ。

以前は、毎年1、2回の雨が降っていた。それだけでも家畜を育てるには十分だった。その頃は、40頭のヤギと10頭のヒツジ、2頭のラクダというのが1家族の平均的な家畜の数だった。

その後雨が降らなくなり、家畜が次々に死んだり、育てられずに売ってしまったりした。比較的裕福なある男性は、1997年時点で150頭のヤギと30頭のヒツジを飼っていたが、その後すべてを失ったという。

「雨が去ってツーリズムがやって来た」と言われる。

ハルガダはもともと小さな漁村にすぎなかったが、１９８０～１９９０年代に、次々とホテルが建設された。今や、およそ40キロにわたる海岸沿いに、１００以上のホテルが林立する、エジプト有数のリゾート地である。

１９９０年頃から、旅行会社がビール・アル＝バシャ近くのローマ遺跡〔地図〕に観光客をつれて来るようになった。やがてその周辺に暮らす遊牧民を訪ねる企画が加わった。ホシュマン族の族長はそれに目をつけ、１９９５年に、初めての定住地ウンム・ダルファ〔地図〕を設けた。泉があり、ハルガダから車で1時間の場所だ。

ハルガダの発展とともに砂漠に来る観光客も増加し、定住地も増えていった。現在その数は11。定住地にはそれぞれオーナーがいて、他の人々の仕事を統括している。

水も食料もふんだんにあるが……

定住地はまさに、砂漠の中の広大な行楽施設といった様相だ。３キロから5キロ四方の敷地の中央には、連日四輪駆動車や四輪バギーがずらりと停められている。ハイシーズン

定住地の様子

（11月から1月）に、1日200人から300人の観光客が訪れる定住地もある。

観光客は、そこでラクダに乗り、遊牧民女性がパンを焼くのを見学し、土産物《みやげ》屋で買い物などをした後、星空の下で夕食をとり、その日のうちにハルガダに帰って行く。

遊牧民の住まいは、観光客が訪れる場所から離れた所に点在している。蘆《あし》[*1]の枝を組んだ簡素な物だ。

取材を始めた2003年当初、定住地には電気はなく、テレビもなかった。人々は暗くなったら寝て、朝日とともに起きる。学校もない。この点では、定住地の暮らしは遊牧生活とほとんど大差ないように見えた。

しかしすぐ手の届く場所に水があり、毎日ハルガダから食料を運ぶ車が来るため、食べ物の量や種類は遊牧生活の頃と比べて格段に増えた。具合が悪くなれば、すぐ町の医者に行ける。

いいことずくめのようだが、実際にはそう手放しで喜べないらしい。

定住地に暮らし、観光業につくことで、人々の暮らしや心にどんな変化が起きているのかを、私は知りたいと思った。

男を誘惑するドイツ人女性

サイーダの長男サーレムの妻ライヤ（45才）は、定住地ウンム・ダルファァで観光客のためにパンを焼く仕事をしている。真っ黒に日焼けし、はちきれんばかりの体格をした彼女は、いかにも肝っ玉母さんといった風貌《ふうぼう》だ。

パンを焼く彼女の周りを、ぐるりと観光客が取り囲む。

「何よ、あの服装！　真っ裸じゃない。恥ずかしくないのかしら」

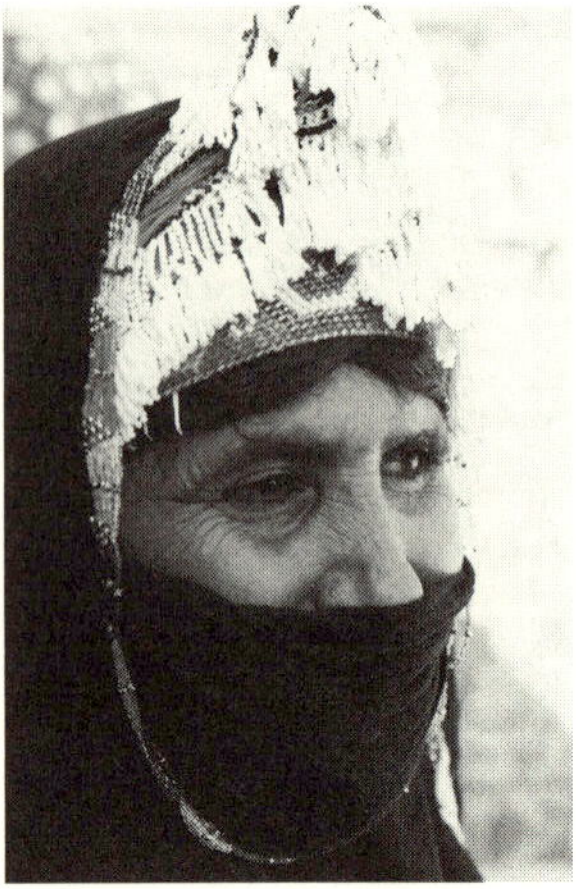

ライヤ（サイーダの長男サーレムの妻）

上半身ビキニに半ズボン姿という白人女性を指して、私にひそひそと耳打ちした。

「私たちは、ああいう服装はアイッブ（恥）よ。美しくないわ」

彼女たちは皆、肌をすっぽりおおう民族衣装のガラビーヤを着ている。

1組の白人カップルが抱き合い、男性が女性の服の中に手を入れたりしている。

「最初は見るのも恥ずかしかった。でも、もう慣れっこになっちゃったわ。だからって、ゼッタイあんなことしないけど」

彼女が以前同じ定住地の人に聞いたという話に、私は驚いた。

ある日、60才くらいのドイツ人女性がやって来た。彼女は、ラクダ使いの男たちに、いっしょに寝ないかと片っぱしから声をかけた。すべての男に断られると、ドライバーたちを誘った。その中の一人が彼女に応じ、2人はこっそり山の裏側に消えた。少年たちが山に登り、２人の行為の一部始終を見物したという。

「まず男の方が砂の上に横になり、女が彼の上に乗っかった。そして彼のモノを口にくわえたりして……終わってからティッシュでお互いをふき合ったそうよ」


ライヤには６人の子どもがいる。子どもが２人だけだった頃までは、砂漠で暮らしていた。

「あの頃は、毎日朝から日が暮れるまで歩き回っていたわ。とても楽しかった。ずっと１ヶ所にいるのは、好きじゃない。９年前に最後の雨が降った。辺り一面緑におおわれて、すごくきれいだった。草の匂いを楽しんだわ。そんな時はラクダになんか乗らない。自分の足で歩いて草を踏みしめるの。砂漠には騒音なんてない。いつも一人で寝て、好きな時にゴルスをつくって、食べて、寝て……心が穏やかだった。何の問題もなかったわ」

定住地では子どもたちが喧嘩《けんか》をして、それが親同士のいざこざに発展することもあるという。

以前ある女性が、観光客が残した食事を全部、自分の家畜のエサにしようとした。他の女性がそれに文句を言った。口論が続き、ついに殴り合いに発展したという。

観光客をラクダに乗せる場所取りで争いが起きることもある。客をたくさんラクダに乗せれば、それだけチップも多く手に入る。よい場所を確保しようと、皆が躍起になる。

病気が町からやって来る

「母さんが強いのは、神さまのおかげよ」

サイサイーダの娘のウンム・ハナンも同じ定住地に暮らしている。くりっとした目元がサイーダそっくりな、快活な女性だ。

「母さんと暮らしていた時も、いつも一人でガナムやラクダをつれて放牧していたわ。砂漠は美しい匂いがあふれている。草とか木とか花とか……」

結婚した当初は砂漠で暮らしていた。夫は薬草などを集めて町で売り、ウンム・ハナンは一人でラクダの放牧に出かけた。やがて夫が定住地で働くようになり、彼女も移り住んだ。

「砂漠にいた時は、1日がとても早くすぎたわ。ここではいつもじっとしているから、時々腕や背中が痛くなる。砂漠では今よりずっと健康だった。2、3時間歩いても疲れなかった。でも今はほんの少し歩いただけで疲れちゃう。砂漠では鼻水や咳もなかった。ああいうのは町のものよ。ここでは毎日町から人が来るから、病気もいっしょにやって来るの」

彼女は2、3ヶ月に1回くらい町に行く。買いたい物があったり、子どもが病気の時などだ。

「町に住みたいと思わない？」

「町は女が一人で歩いていたら、男が悪いことをするから怖いわ。泥棒もいる。お母さんに教わったでしょ？　騒音とかよくない臭いであふれていて眠れないわ」

ウンム・ハナン

トクをするのはオーナーだけ

「私は定住地でだけは働きたくない」

とサイーダは言う。

「あそこじゃ、オーナーしかお金を儲《もう》けられない。他の人は、給料は200ポンドか250ポンドだけ。それで家族を養ってラクダのエサも買う。これじゃ、子どもが病気になっても医者に診《み》せられない。それにみんな観光客の食べ残しを食べている。でも肉やサラダは、オーナーの家族しか食べられない。他人の食べ残しを食べるなんて、まっぴらさ」

長男のサーレムは、定住地でラクダ使いの仕事をしている。月給は200ポンドだ。

「ラクダが1頭いたら、エサ代だけで100ポンドかかる。観光客を乗せるには強くなきゃいけないから、エサもたくさん必要だ。他にも仕事しないと、やっていけないよ」

食費などの生活費も月150から200ポンドは必要だ。月給200ポンド以外に、観光客からもらうチップで、なんとか生計を立てている。

彼は砂漠で枯木を拾って売ることもある。荷台いっぱいに枯木を集めて売れば50ポンドになるが、そのためにガソリン代が25ポンドかかる。

一方でウンム・ダルファァのオーナーである族長の収入はどうか。旅行会社は観光客一人につき、12ポンドをオーナーに払う。定住地によって、訪れる観光客の数は異なるが、ウンム・ダルファァを例にとれば、多い時で1日約300人の観光客が訪れる。ひと月にすれば10万ポンドを超える稼ぎだ。そこから人件費（約30人の労働者の給料６０００ポンド）や水代、料理用の石炭の費用などを引いても、入ってくる金額のほとんどは族長の物となる。*2

「でも、彼やその家族は、いかにもお金がないってフリしてるのよ」

そう言うのは、スイス人ツアーガイドのモニカだ。彼女は１９９７年から砂漠ツアーのガイドをしており、遊牧民にも友人が多い。

彼女曰く、族長はハルガダにビルを持っており、その家賃収入がかなりあるという。ナイル川沿いの町ミニヤにも大きな家があり、畑や果樹園も多数所有しているそうだ。

「ウンム・ムライ（族長の妻・60才）も、いつもプレゼントをしつこくねだるから、イヤになる」

とモニカ。

私にも覚えがある。以前ウンム・ダルファを訪れた際、族長にお土産を渡したが、彼女の分を忘れてしまった。それを知った彼女は、昔はさぞかし美しかったに違いない細面の顔をみるみる曇らせ、「私のプレゼントはないのかい？」と吐き捨てるように言った。

そのため、次に訪れた時財布をプレゼントしたが、

ウンム・ムライ

「ずいぶん小さいね。私はお金をたくさん持ってるんだ。もっと大きいのが欲しい」と、お礼のひと言もない。

会えば必ず私の腕をつかみ、腕時計に目をやりながら言う。「私にも1つ買って来て」。「持ってるじゃない」と言うと、「防水のが欲しいんだ」。「そんな物必要なの?」「水くんだり、顔洗ったりする時、水が入らないようにさ」。

そんな会話が毎度のようにくり返される。

彼女はしばしば、観光客にもらった時計や香水、マニキュアなどを私に自慢する。夫である族長は、ふだん2番目の妻とミニヤに暮らし、年に1、2度しか定住地には来ない。

観光客からのチップやプレゼントが、彼女の日々のささやかな慰めになっているのかもしれない。

近くにいても心は遠い

「族長のこと、どう思う？」「族長のせいで、みんな苦労してるんだ」

知り合ったホシュマンたちから、しばしば聞かされた。経済的により多くを得る者への反発が起こるのは無理もない。

観光客に接し、近代的西洋的な価値観と触れる中で、遊牧民の間で長く守り続けてきた文化との間で心の葛藤が生じ、また集まって暮らすことで、遊牧民同士の軋轢《あつれき》が生じている。

定住地で働く20代の男性は言った。

「儲かっても、今みたいに誰かの指示で働かされるのはイヤだ。昔の遊牧生活は体力的にはきつくて収入も少なかったけど、自由に働けるからよかった」

他の男性も言う。

「昔は、仕事は今より大変だったけど、みんな助け合った。今はみんな自分のことしか考えちゃいない。人のつながりは弱くなってしまった。定住地の仕事が原因さ」

それでもほとんどの人が定住地を離れないのは、多くはないものの、一定の収入が保証されているからだろう。また、ラクダ使いの場合、チップがかなり大きな副収入になるらしい。時にはチップを合わせて月収が1000ポンドくらいになることもあるという。

それでも、初老の男性は昔の遊牧生活を懐かしむ。

「どこかに雨が降ったら、2ヶ月とか3ヶ月間そこで暮らし、別の所に降れば、そこへ行った。あの頃は自由があった。生活は今よりずっと快適だった。今は1ヶ所にいるだけ。体は疲れないが心が疲れる」

ある女性の言葉は、彼らが置かれた状況を最もよく表しているだろう。

「今は1つの場所にたくさんの人が集まっているから、問題が起こる。ずっと昔から、私たちは離れて暮らしてきた。でも心は近かった。今は近くに暮らしてても心は遠い。昔は女も一人で放牧して、一人で料理して食べ、一人で砂漠に寝て、一人で死んでいった。そして心はいつも穏やかだった」

＊1　家の材料となる蘆は、アレキサンドリア近くのナイルデルタ地方で採れる物で、ハルガダの商人から1メートル８ポンドで購入する。人々は１つの定住地で仕事がなくなれば、仕事がある他の定住地に移り住むが、その際には家を分解して新しい定住地に持って行き、そこでまた新たに家を建てる（Soft Sedentarization: Bedouin Tourist Stations as a Response to Drought in Egypt's Eastern Desert）。

＊2　定住地のオーナーの収入を概算すると、次のようになる。ある比較的大きな定住地で、ある１年間に訪れた観光客の数が約７万３０００人と累計された。観光客一人あたりにつき払う料金は定住地によって異なる。この定住地の場合、一人あたり５ポンドをオーナーに払うことになっている。この場合、オーナーの収入は36万５０００ポンド（約５１１万円・２０１１年４月時点での概算１ポンド＝14円で計算）になる。そのうち水代が２万５２００ポンド、料理用の石炭代が１万４４００ポンド、ラクダ使いの人の給料が８万４０００ポンド、コックなどの労働者に払うお金が３万ポンド。それらを差し引いたオーナーの利益は21万１４００ポンドとなる（Soft Sedentarization: Bedouin Tourist Stations as a Response to Drought in Egypt's Eastern Desert）。

第7章　記憶の彼方の砂漠

夫は町の若い女を妻にした

「だって、水がすぐ手の届く場所にあるんだもの」

サイーダの兄アブドルザハルの妻だったウンム・スラマは、以前の遊牧生活より、今の町の暮らしの方がよい理由を、そう語った。

夫婦は30年ほど前にハルガダに移り住んだ。子どもたちを学校に行かせるためだ。現在ハルガダには、15家族ほどの遊牧民が暮らしている。定住地のオーナーや観光客相手のドライバーなど、観光業で働く人がほとんどだ。

遊牧民の消えゆく暮らしを知り、記録しておきたいと思った私は、町に暮らす遊牧民たちを訪ね歩き、彼らの記憶の中に生き続ける生活や文化、伝承などに耳を傾けた。

ウンム・スラマは、砂漠で暮らしていた頃の苦労のせいか、58才というのに、髪の毛は真っ白で耳も遠い。私が話しかけても聞き取れないことが多く、七女のシャディア（19才）が、大声で私の言葉を彼女の耳元で伝える。

「ここじゃ屋根や天井があって、太陽が体を直撃しない。砂漠じゃ5日とか7日ごとに移動しなきゃならないから、とても疲れたよ。食べ物もろくにない。果物なんて、めったに食べられなかった」

とウンム・スラマは言う。

クッキーを作るウンム・スラマ

ハルガダにいる時、私はきまってウンム・スラマの家に入りびたっていた。彼女の7人の娘のうち、離婚したウンム・アフマドと六女のサミーラ、七女のシャディアがいっしょに住んでいた。
玄関の戸はいつも開け放たれ、始終、同じ部族の人たちが出入りしていた。近所に住む人もいれば、定住地から来た人もいた。私は彼女の家に通ううちに、自然と他の遊牧民とも顔見知りになっていった。

夫のアブドルザハルは、18年ほど前にカイロ出身のモナ（44才）を2人目の妻にした。そしてその後、ウンム・スラマと離婚した。今では月に1度、ウンム・スラマに生活費を届けに来る。

足が悪く、たえず肩や背中の痛みを訴えるウンム・スラマは、ほとんどの時間を、玄関から入ってすぐの居間のソファに座って過ごしていた。私は、彼女から遊牧していた頃の話を聞くのが楽しみだった。

動物の皮でサンダルをつくる

「昔の砂漠での水浴びって、どんな感じだったの？」

「長い枯木をピラミッドみたいな形に立てて、その周りに布をまわして、小さいテントをつくる。その中に入って水浴びした。遠くから見ても、男は『女性が水浴びしている』って知って、近寄らないから」

近くに人がいる時は、大きな水筒を持って、人のいない山の裏に行って水浴びをした。幼い頃、服は1着しかなかった。洗って岩にはりつけて干し、乾いたらそれを着て帰って来た。石けんはなく、石で肌をこすって洗った。やがて椰子《やし》の皮を使うようになった。

食料の買い出しは父親の役目で、いつもラクダ2頭をつれて行った。

出かけるのはたいてい夜。町の手前3キロくらいの所でラクダから降り、そこにラクダを放して町まで歩いた。明け方、町に着くと、知り合いの運転手の車で市場を回って食料を調達し、その車で砂漠に帰って来た。ラクダは放たれた後、自分たちだけで野営地に戻って来る。一度通った道は忘れないからだ。

当時、ハルガダには商店が1軒あるだけだった。野菜は町では売っていたが、ラクダで持って来る間に腐ってしまうために買えなかった。買うのは小麦だけ。小麦粉より安かった。どの家庭も母親が小麦を挽《ひ》いて小麦粉をつくった。その頃、食べ物はパンとミルクだけだった。

「毛布はなくて、母さんが、着古した服を縫い合わせて布団をつくった。生理の時は、古くなったズボンとかを切って折りたたんで、それをパンツの中に押し込んでいたよ」

マッチが入ってきたのは、50年ほど前だ。それ以前は、夜、燃えている枯木を炭の中に入れておき、翌朝それに枯木を足して火をおこした。

「靴はなくて、子どもはみんな素足だった。今の人みたいで、大人だけが動物の皮をなめしたサンダルをはいていた。足の裏は石みたいにスベスベしてない。夏は地面が熱くなるから大変さ。上手く歩けない。しょっちゅうトゲが刺さって、そのたびに、針みたいな物で抜いていた。足の裏はいつもどこかしら、血が出てたよ」

１９８０年代に砂漠に車が普及してからは、捨てられたタイヤを火であぶってつなぎ合わせ、サンダルをつくるようになった。タイヤが手に入らない人は、いらなくなった布を足にまいて歩いていた。

砂漠の眠りは美しい

ライヤ（37才・前に登場したサーレムの妻ライヤとは別人）はウンム・スラマの家から歩いて１分ほどの所に住んでいた。彼女は10年ほど前まで、砂漠に暮らしていた。

その話しぶりは、いつもゆったりしていて、眠気を誘う音楽を聴いているようだった。

私はそんな彼女と話していると、不思議と気持ちが安らいだ。

「1つの場所に飽きたら、別の場所に移動する。歩き回っていても疲れないよ。砂漠の疲れは美しい。放牧に行って、好きな時にパンをつくって焼いて、食べて、また歩きたくなったら歩いて、疲れたら休んで……。ゆっくり料理してゆっくり食べる。何でもゆっくりやった。日が暮れて夕食を食べてお腹いっぱいになると、すぐに寝た。砂漠の眠りは美しい。ハルガダは、うるさくてよく眠れない」

砂漠に帰りたい。それが彼女の口ぐせだった。

「ラクダ、ロバ、ヤギ……たくさん家畜を飼ってたよ。よくラクダに乗った」

懐かしそうに話す。

「日本にはロバやラクダはいるの？」

動物園だけと言うと、「そんな所で暮らしたくな

自分で刺繍をほどこしたスカーフを見せるライヤ

い！」と彼女はいつになく強い口調で言った。

「町でじっとしてるのはつらい。体中が痛くなる。今は子どもがいるから、しかたなく家にいるけど、大きくなったら、一人で砂漠のどこへでも行くさ」

母から娘に手渡されてきた暮らし

サイーダが語る昔の砂漠の暮らしには、しばしば母親のヌウェイジャが登場する。

「初めて一人でガナムの放牧に出たのは5才の時だった。すごく嬉しかったよ。一人で火をおこしてお茶をいれる。ワクワクしたもんさ。

母さんが、朝になるときまって言うんだ。『ほら、サイーダ、ガナムがお腹をすかせてるよ』ってね。起きると、何も食べずに放牧に出かけた。母さんがつくってくれた布袋に、マッチとかお茶とか入れて、すぐに出かけた。まだゴルスのつくり方を知らなかったから、母さんが朝つくってくれたのを持ってった。間に合わない時は、後で妹が届けに来た。雨が降って草が生えている時は、ミルクの出るヤギを1頭つれてった。放牧先でミルクをお茶に入れたり、そのまま飲んだりした。

母さんは、いつも『日が沈む前に帰っておいで』って言った。夏は夜になるとハナシュが出る。月が出ていないと暗くて見えないから危ない。冬は日が暮れたら急に寒くなるから、ガナムも凍えて歩けなくなる。日が暮れる頃には、いつも母さんが目に入る場所にいるようにした」

農薬を使った食べ物で難産になる

「目が見えたら、こんな所にいない。サイーダといっしょに砂漠を歩き回ってるよ」

そう言うと、ヌウェイジャはこぶしを強く握りしめた。彼女に初めて会ったのは、アブドルザハルの家だ。80才をすぎた彼女は目が見えない。すでに何年も砂漠に出ていないため、肌は透けるように白かった。それでも、内に秘められた強さをひしひしと感じさせた。サイーダはそんな彼女の気質を受け継いでいるのだろう。

5人の子どもたちは、すべて砂漠で産んだ。

「医者なんて、いない。怖くなんてないさ。上手くいかなきゃ、神さまがそうされただけ。医者に行くと神さまが怒る。神さまが見守ってるのに、なぜ医者に行くんだってね。医者に行っても産めない人もいる。産んだ後は、すぐに子どもをおぶって放牧に出かけた。私たちは、そういうのは普通さ。サイーダを産んだ時も、そうだった。

砂漠じゃ、いつもお腹をすかせてたけど、子どもはちゃんと産まれた。ラマダンの時もちゃんと断食した。町の医者は、妊娠してる時は断食するなって言う。でも砂漠じゃ、妊婦も断食する。問題ないさ。しちゃいけないことは、水が入った重い水筒なんかを背負って、長い時間歩くことだけ。妊娠中もよく働いたら、赤ん坊も太りすぎずにスムーズに産まれる。いつも産む直前まで放牧に出ていたよ。食事をつくって子どもたちに食べさせて、枯木を集めて、泉に水をくみに行って、ラクダの後を追って行ったり……何でもやった。たくさん食べて寝てばかりいると、自分も赤ん坊も太って難産になる。そうなると、自分で産めなくて医者に行く。お腹を開いて赤ん坊を取り出さなきゃならない」

ライヤ（孫のサーレムの妻）が初めて出産する時、ヌウェイジャが立ち会った。ライヤが15才の時のことだ。

「怖くて泣いたわ。死ぬかと思った」とライヤは言った。「こうやって耐えるのよ」と言うと、ベールを丸めて口の中につっ込み、声が出ないようにして、柱をぎゅっと手でつかみ、痛みに耐える仕草をする。

「声が辺りに響くと、何だ何だって人が集まって来ちゃうから。ヌウェイジャに教わったわ。産まれる瞬間、柱をしっかりつかんでれば、子どもはスムーズに産まれるって。その間、『ヤー、ラップ（神さま）。ヤー、ラップ』って、言い続けるの」

2番目の子以降は、すべて一人で産んだ。近くに人がいることもあったが、みんな彼女の出産が近いことを知っていても手伝わなかった。子どもは自然に出て来るもので、人がいても、やることがないと知っていたからという。

「私たちは、疲れた時だけ病院で産む。自分で産む方がいいわ。病院は注射をやたらと打つしお金がかかる。それに赤ん坊を引っ張って出すからよくないわ。昔私たちは農薬を使ってない食べ物を食べてたから、産むのもラクだった。農薬は食べ物を早く大きくする。だから、農薬を使った食べ物を食べると、お腹の子も大きくなって難産になるのよ。今じゃ、3日とか4日たっても産まれないで病院へ運ばれる女もいる。昔は、そんな話は1つもなかった」

物があふれて心が忙しくなった

ヌウェイジャは懐かしそうに言う。

「昔は砂漠にはもっと草があって、ガナムがたくさん育った。お客が訪ねて来たら、きまってガナムを殺して肉を食べた。その頃は、1ヶ月に1、2回は肉を食べていた。残った肉は干し肉にした。2ヶ月はもった。野菜といっしょに煮たり、そのまま食べたりした。それはそれは、おいしかったさ。

祭りの時は、みんなが集まった。男がラクダのレースをして、女たちはそれを見てザガリート（舌を振るわせ、歓喜の声を出すこと）した。家畜を1頭ずつ殺して、料理していっしょに食べた。砂漠じゃ、みんながすぐに会える場所にいるわけじゃないから、祭りの日は必ず集まる必要があった。祭りが終わると、それぞれの場所へ帰って行った。今は集まったりしない。みんな自分勝手さ。

前は3日とか4日ごとに近くにいる人を訪ねて、様子を確かめ合った。ラクダに噛まれてケガをしてないかとか、死んでいないかとか、食べ物がなくて困ってないかとか……。

誰かがヒツジを殺せば、肉を近くにいる人に配った。ラクダで町に行く人は周囲の人に必ず声をかけた。『何かいる物はないか?』って。でも車になったら、あいさつだけ。『食べ物は足りているか? 水はあるか?』なんて心配してくれない。車はお金がかかるから、車の人に何か買ってきてもらうにも、お金を払わなきゃならない。今は何でもカネさ」

「どうして、そうなったの?」

「世の中が変わったからさ。今は物があふれている。家が欲しい、車が欲しい、携帯が欲しい……。だからお金がたくさん欲しい。金儲けに忙しくなって、他人のことはどうでもよくなった」

第8章　砂漠の民vs町の民

不倫より一夫多妻

2004年6月の終わり。私たちは、アブドルザハルの運転するシボレーの大型トラックで、ビール・アル＝バシャにいるサイーダの所へ向かっていた。車に乗っているのは、彼の2番目の妻モナと3人の娘たちだ。

アブドルザハルが妹のサイーダに会うのは1年ぶりだ。兄でも妹がどこにいるか常に知っているわけではない。それでも、夏の盛りのこの時期に彼女がビール・アル＝バシャにいることはきまっていた。ラクダが3日に1回水を飲むため、泉の近くに住む必要があるからだ。

モナが持って来たラジカセから、エジプトの歌謡曲がやかましく鳴り響く中、サンドイ

モナと娘

ッチやジュースなどが次々に回される。

たとえどんなに騒々しくても、私にとっては大勢いる方が気がラクだった。サイーダの兄とはいえ、アブドルザハルと2人きりで砂漠へ行くなど、想像しただけで気が滅入る。

「フジヨ、アブドルザハルがフジヨを奥さんにしたいんだって」

90キロはありそうなボリュームたっぷりの体をゆすりながら、モナは少しかすれた声で言い、ジュースの空き缶を、ぽーんと窓の外に投げ捨てた。

「モナ、怒らないの?」

「ハハハ……、どうして? 全然!」

彼女はわざとらしく驚いてみせる。

以前サイーダの所で下痢をし、1週間近くお腹の調子がすぐれなかった私に、彼女は砂漠の薬草を煎《せん》じて飲ませてくれた。その時、私に真顔で言ったものだ。

「フジヨ、どうして結婚しないのよ？　どんどんトシとっちゃうわ。仕事なんて、結婚して子どもを産んでから、やればいいじゃない」

正直、その言葉に心が動かされないわけではなかった。結婚も出産も興味がないわけではない。ただなんとなく、縁がないまま独身できてしまっただけである。それでも、日本の都市部では、女が30才をとうにすぎて未婚でも、とやかく言われることは少ないと思うが、ここでは周囲が許しておかない。後で詳しく述べるが、結婚がイスラムで奨励されていること、また結婚前の男女の肉体関係が恥とされることから、なるべく早く結婚させられる。

そして私は、もしかしたらこっちの方が、まっとうな生き方かもしれないと思い始めていた。モナのようなおせっかいおばさんが身近にいて尻をたたいてくれたら、私も今頃、こうして一人で砂漠になど来なくてもよかったかもしれない。

「日本じゃ、男は何人妻を持てるんだ？」とアブドルザハルが言う。

「一人だけ」と答えると、彼は怪訝《けげん》な顔をした。

「イイ女がいたら、どうするんだ？　その女をほっておくのか？」

（これが70才の男が言うことか……？）

内心あきれていると、

「こっそり会ったりするんだろう？　それより、ちゃんと結婚した方がいいさ」

イスラムでは、結婚外の男女関係が厳しく禁じられているからだ。

確かに不倫関係に置かれている女性にとってみれば、籍を入れてもらった方がいいかもしれない。

男は若い妻の言いなり

サイーダの野営地は、ビール・アル＝バシャの泉から100メートルほどの場所にあった。ガナムの世話をする末息子のサイードといっしょだ。ふだんは別々に暮らしているが、

ヤギを解体するアブドルザハル（右）とサイーダの末息子サイード

夏はラクダがガナムと同じくらい頻繁に水を飲むため、いっしょにいる方が何かと助け合えて便利だからだ。

久しぶりに兄に会ったお祝いに、彼女は子ヤギを差し出した。

「ビスミッラー、アッラー・アクバル（神の御名において、神は偉大なり）……」

そう唱えると、アブドルザハルがヤギの首筋にナイフを入れる。ヒューと鮮血が辺りに飛び散った。

イスラムでは、豚以外の動物は、ビスミッラー……と唱え、頸《けい》動脈《どうみゃく》を切って、体内の血液を外に出して処理すれば「ハラール」（許可された物）として食べることができる。

解体された肉を、サイーダとモナが鍋で煮込む。

日が暮れても、いっこうに暑さがやわらぐ気配はない。


彼らが帰って行った後、サイーダは独り言のように言った。

「モナはいつも家にいないで、ブラブラしてるよ。今日は友人の家、明日は知り合いの家ってね。何かあると、すぐにカイロに帰っちゃって、そのたびに両親に追い返されてる」

アブドルザハルがウンム・スラマと離婚するまでモナとウンム・スラマはどちらが夫と別れるかで、大喧嘩したそうだ。

ウンム・スラマは「自分は夫の従妹《いとこ》で同じホシュマンだ。彼の子をたくさん産んだんだ」と主張した。モナは2番目の妻では満足せず、夫にウンム・スラマと離婚するように迫った。その半ばわがままな主張を彼は呑んだ。

「女はどうすることもできないのさ」

サイーダはふてくされたように言った。

悪いことをしないのは神を恐れるから

朝のうち辺りに立ち込めていたひんやりとした空気は、太陽が山の上から顔を出したとたんに、たちまち消え去った。一転して、刺すような日差しが体を直撃する。

前日にアブドルザハルが持って来た市販の牛乳を温める。

「町の牛乳は1度にたくさん機械でしぼるから、たまに血が混ざってる。その時の牛の目は、すごく悲しそうなんだ。手でゆっくりしぼれば、そんなことないのに。遊牧民じゃない人は、金を儲けようと思ったら何でもするからね」

いつの間にか、気温は体温を通り越している。

「太陽に殺されてしまうよ」

そうつぶやくと、朝食もそうそうに、そそくさと荷物をまとめ始めた。小麦粉や水筒、調理用具などをラクダに積む。

砂漠に暮らしている遊牧民は暑さに強いのかと思っていたが、そうでもないようだ。

「もちろん若い時は、どんなに暑い時でも平気で砂漠を歩き回っていたよ」

行き先は、歩いて15分ほどの岩陰だ。日中はそこで調理したり、昼寝をしたりして過ごし、その間ラクダは近くに放っておく。

付近には、草は全く見あたらない。ひたすら茶色い砂と岩山ばかりの世界が広がっている。はるか地平線の辺りに、ゆらゆらと蜃気楼がゆらめいている。

正午。手元の温度計は43℃を指している。

ガナムたちがよたよたと日陰に集まって来た。ただでさえ狭い日陰のスペースを彼らとお茶、昼食をすませてしまえば、この暑さでは昼寝して過ごすしかない。ガナムの糞や奪い合う。時々、私のすぐ横でジャーとオシッコするので気が気でない。

小石を足でどかし、横になるスペースをつくる。固い砂地は寝心地よさからはほど遠いが、そんなことを言ってはいられない。日陰が時間とともに動くのに合わせ、荷物を持って移動する。

ラクダは暑さに強いらしく、日なたに座ってじっとしている。

見上げれば雲ひとつない青空が広がっている。

ああ、こんなことをしていて、いいのだろうか……時間が無為にすぎていく気がして、やるせなくなる。

ボリ、ボリ、ボリ……ラクダの反芻の音が周囲に響いている。日陰をうろついていたガナムたちも居眠りを始め、静かになった。

そこへ1台のジープが通りかかった。少し離れた場所にいるラクダが心配になったサイーダは、あわてて車の方へ走って行く。

車に乗っていたのは、2人の地図製作者たちだった。外国人の私が彼女と生活しているのに驚き、根ほり葉ほり質問してきたという。そのやりとりがよほどおもしろかったのか、彼女は一部始終を話して聞かせる。

「あの人たちったら、『こんな砂漠でどうやって寝るんだ?』って聞くのさ。砂漠が怖いんだ。『砂の上に直接寝るだって? 何か敷くのか?』って聞くから、『砂はきれいだから、じかに寝ても平気さ』ってね。彼らだって、砂漠に毒ヘビやサソリのいることくらい知ってる。『テントがないだって? どうやってテントなしで生活するんだ? 雨が降ったら、どうするんだ?』って言うから、『山の上に行くのさ。雨がやんだら元の場所に戻って、火をおこして温まる』って言った。『食べ物はどうしてるんだ?』って言う。『自分でつくる。小麦粉をこねてパンを焼く。ファティール、ゴルス、モロヘイヤ……何でも。枯木で火をおこすんだ』っていちいち説明したさ。太陽をじかに浴びながら暮らすってね」

なに当たり前のこと聞いてるんだ、そう言いたげな口ぶりである。

「あの人らは、砂漠に放り出されたら1日だって生きちゃいけない。どこでどうやって水くんで、どうやって食べ物をつくるのか知らない。枯木の集め方もわからない。砂漠の中を歩き回ることもできない。砂漠には化け物がいるって信じてる。だから暗くなると、遠くに行けない。トイレも自分の寝てるすぐそばでやるんだ」

お茶をいれるため、火をおこしながら言った。

「ハルガダの市場で買い物する時は、よーく見てないとダメさ。肉でも野菜でも、こっちが見てないスキに、下の方に腐ったのを入れるから。ロバの肉が入ってることもある。遊牧民の男が、町で肉を買ったら腐ってて、死にそうになった。薬草を飲んでどうにか助かった。肉は殺すところを見てから買った方がいい。遊牧民は何も知らないって奴《やつ》らは思ってるんだ。遊牧民かどうか、見ればわかるから」

勢いに乗った彼女はさらに続けた。

「ある男が道で死んでる犬を見つけて、誰も見てないスキに足を切り取って、近くの食堂に持ってった。男はその店の主人だったんだ。それを見ていた人が警察に通報した。その店は営業停止になって、男は刑務所に入れられたよ。こういう男は、名ばかりのイスラム教徒で、神さまを恐れちゃいないのさ。死んだら地獄へ行く。私らは、アッラーの名を唱えて殺した肉でないと食べちゃいけない。昔、雨がたくさん降って動物がよく育ってた時は、町で買った肉なんか食べなかった。いつも自分で殺した動物の肉をすぐに食べたから、新鮮でとてもおいしかった」

煮立ったお茶を火から下ろし、コップに注ぐ。

「町の医者も、とんでもないのがいるから、気をつけな」

兄嫁が以前ハルガダの医者に行き、間違った注射を打たれて症状が悪化してしまったという。

「患者を助けるなんて、これっぽっちも考えちゃいない。お金しか頭にないんだ。砂漠で薬草を飲んでたら、殺されることはない。薬効だけ。でも注射は毒になることもある。医者は『砂漠に生えてる草なんか飲んじゃいけない』って言うけど、何も知らないだけさ」

「遊牧民と、そうじゃない人のいちばんの違いって何？」と私が聞くと、

「遊牧民じゃない人は、お金を持ってる人を見ると、殺してお金を取ってしまう。ラジオで聞いたよ。遊牧民はお金のために人を殺さない。警察が怖いんじゃない。神さまを恐れるからさ」

遊牧民もエジプト国籍を持つエジプト人であり、政府の発行する身分証明書を持っている。しかし彼らは遊牧民という意識の方が強く、彼ら以外の人を下に見ているところがある。

日本に足跡はないのかい？

彼らの遊牧民としてのプライドは、砂漠で生きる中で培われた知恵や力などから来ている。その最たるものは、人や動物の足跡を見分ける能力だろう。

ある日、遊牧民の家族が私たちの所に立ち寄った。ひとしきり世間話をして彼らが帰っ

た後、サイーダはぽつりと言った。

「スウェーレムは泥棒さ」

私は思わず彼女の顔を見た。スウェーレムは先ほど訪ねて来た家族の次男だ。

昨年のラマダンの直後に、ビール・アル＝バシャの近くの岩陰に置いておいた彼女の食料を盗んだという。その時彼女はアブ・ザワルにいた。

「私がビール・アル＝バシャから遠い所にいるのを知っていたんだ」

「どうして彼ってわかったの？」

「足跡があったんだよ。今みたいに人が訪ねて来た後に、一人一人の足跡を見て覚えるんだ。これは○○の足跡、これは××の足跡ってね。それを頭にたたき込む」

靴をはきかえても、歩幅や左右の足の幅などでわかるそうだ。

「スウェーレムは他人の物を取って遠くに隠しておいて、1ヶ月後とかに取りに来る。それを町に持って行って、売るのさ。そのお金で、ジュースを買ったりするんだ」

彼らの間では、砂漠で食べる物に困ったら、他の人の食料を食べてよいが、売る目的ではその限りでない。

遊牧民とそれ以外の人の足跡の違いもわかるという。前者は軽やかな感じで、後者は重くぼってりした感じだとのこと。

ガゼルやオリックス、ウサギ、ハナシュなどの動物の足跡を見分け、それがいつ頃つけられたものかもわかる。1日以上前につけられたものには、たいていその上にネズミの足跡があるので、わかるそうだ。

感心して聞いている私に向かって、サイーダは言った。

「日本に足跡はないのかい？」

第9章　愛は結婚後

男につれなくするのが女のたしなみ

ある日、いつものようにウンム・スラマの家に行くと、6番目の娘のサミーラ（23才）が、私を見るなり嬉しそうに駆けよってきた。

「私、婚約したの！」

相手はカイロ出身のムハンマド（33才）という男性だ。財布に入れた彼の写真を嬉しそうに見せる。白い肌と彫りの深い顔立ちを持つ美青年だ。

知り合ったのは1年前の夏だった。目抜き通りの土産物屋で働くサミーラをムハンマドが見かけ、一目で彼女を気に入り、その場で「君と結婚したい」とプロポーズした。

「何言ってるのよ」と、彼女はもちろん取り合わなかった。さらに彼は「名前は？」「結婚してるの？」などと聞いてきたが、それも無視した。サミーラは言う。

「それがあるべきエジプト女性のやり方よ。ニコニコ調子に乗って気安く話しちゃダメ。そんな女性を男は決して心の底では欲しくないし、大切にしてくれないから」

町中で男性が女性に声をかけることは、エジプトではわりとよく行われている。たいていは女性が男性をにらみつけたり、無視して終わることが多いが、女性の方も相手が気に入れば、少し言葉を交わす。別れた後で、男はこっそりと彼女の後をつける。そして家をつきとめ、後日彼女の父親を訪ねて結婚を申し込む。こういうパターンは少なくない。結婚前の男女交際が表立って認められておらず、まず父親に結婚の許しを得てからでないと、相手に会うのが難しいためだ。

それ以後、ムハンマドはサミーラが働く店の周囲の人に聞き込みを始めた。彼女がどこに住んでいるか、父親は誰でどんな仕事をしているか……。そして、1ヶ月後に再びサミーラの所にやって来た。

「君のお父さんに会って、君との結婚をお願いしたい」

ムハンマドに会った父親のアブドルザハルは、彼の実家やハルガダの家、職場などをつきとめ、周囲の人に評判を聞いて回った。その結果、問題ないことがわかり、2人の婚約を承諾したという。

ムハンマドは7年ほど前から市内の水族館で働いていた。サミーラに惹かれたのは、店の中でコーランを読んでいる姿を目にしたからだという。

「神を信じる女性は、いい人にきまってる。結婚しても過ちを犯さない。エジプトの男はたいてい、そういう女性が好きなんだ。そうでない女性はよくない。何でもやる」

カイロなどの大都市では、婚約後に肉体関係を持つ男女もいて、その後男が逃げてしまい、結婚に至らないケースもあるという。ハルガダも観光地という場所柄、サミーラのように身持ちの堅い女性は少数派とのこと。

サミーラの言葉のなまりから、彼女が遊牧民であることを知ったという。遊牧民は遊牧民同士で結婚するという習慣も彼は知っていた。

ウンム・スラマは、ムハンマドが遊牧民でないため、当初婚約に反対していた。ムハンマドが電話してきても取りつがなかったり、2人が電話している間も横で聞き耳を立てていて、「もうやめなさい」などと言っていたそうだ。

この点はアブドルザハルも同様だった。しかしサミーラ曰く、「パパは、頭が全く固いわけじゃないから」、ムハンマドがよい男だとわかった後は、こだわらなくなったそうだ。実はこの件については、モナが暗躍している。彼女は同じカイロ出身のムハンマドを気に入り、いい人だと夫アブドルザハルに執拗《しつよう》にアピールしたらしい。

物にこだわる今の結婚

サミーラに婚約の話を聞いてから約1ヶ月後。サミーラ宅からムハンマドのアパートに嫁入り道具が運び込まれた。

彼のアパートは、ハルガダの中心部からバスで10分ほど北へ行った場所にある。入って正面が応接間、左手に2つの寝室、右手に台所と洗面所がある。

洗濯機は、サミーラと母親のウンム・スラマがお金を出し合い、カーテンはウンム・スラマが、台所用具や化粧台はアブドルザハルが用意した。

「砂漠の花嫁は何も用意しない。でもハルガダでは、こうなの」

と姉のウンム・アフマドは言う。遊牧民同士の結婚では、男が新生活に必要な物すべてを用意する。
しかし、相手が遊牧民でない場合、新郎新婦それぞれが分担し合うのが普通だ。女性側は台所用品、ガスコンロ、冷蔵庫、洗濯機、カーテン、カーペットなど。男性は新居と夫婦の寝室の家具、応接間のソファ、食卓、テレビ、式の費用などが一般的だ。

ムハンマドが新調したのは、寝室のベッドと洋服棚のみ。ソファやテレビは以前から使っている物だ。

ソファにどっかり腰を下ろしたウンム・スラマが、私にこっそりと耳打ちした。

「ムハンマドは、いい男じゃないよ。結婚するっていうのに、寝室の家具しか用意してないんだ。私は娘の夫とか息子とかからお金をかき集めて、娘が幸せな結婚ができるように、がんばってるっていうのに！　いい男っていうのは、家具も全部自分で用意するんだ」

と憤まんやるかたない様子だ。

彼女が腹を立てる気持ちも、わからないではなかった。

サミーラの姉のワファとファトマは、どちらも遊牧民男性と結婚したため、洋服を詰めたバッグ1つでお嫁に行った。だが相手が遊牧民でない場合、女性が何も持参しないのは、アイッブ（恥）だという。

「もし花嫁にお金がなかったら？」

「何年でも用意できるまで待つのよ。私たちの結婚は、すべてが用意されてないといけないの」とウンム・アフマド。

結婚してお金ができたら、少しずつ物をそろえていこうという発想は、エジプトをはじめとするアラブ世界では少ない。両親は、娘の最初の生理がきた時から嫁入り道具を用意し始める。今月は服、この月は毛布、この月は洗濯機……コップ1つに至るまですべて。

ウンム・スラマが、また性懲りもなくつぶやいた。

「ソファだって、これまで使ってた物じゃないか……。結婚するんだから、古い物は捨てて、新しい物を買うべきだ」

確かに、かなり使い込まれているらしく、布のカバーがすり切れている。

かつて花嫁は式で泣いていた

「私が結婚した時に持参したのは、ガラビーヤ1つだけだったのに」

ウンム・スラマはため息まじりに言った。

結婚したのは14才の時だった。結婚前に夫に会ったことはなかった。当時の結婚の申し込みの時は、花婿が花嫁の父親の所へ小枝を持って行くのが習わしだった。父親が2人の結婚に賛成なら、小枝に5から10ポンドのお金をはさんで、花婿に返す。

マフル（結納金）は、ラクダ1頭だった。当時、男性が結婚の時に用意するのは、動物を殺してつくった敷物くらいだった。

結婚式は7日間続いた。昼間は皆働き、夜になると歌って踊る。宴《うたげ》はしばしば明け方まで続いた。式にはたくさん人が集まり、助け合った。ある人はガナムを殺して皆に配り、ある人は枯木を拾って来た。水を運んで来る人もいた。

式の1日目。花嫁は父親の家にいる。そしてその日の夕方、花婿の叔父や兄弟がラクダで花嫁を迎えに来て、その晩、花嫁は花婿の父親の家で眠る。

翌日、彼女は4人の男に白い布で目隠しされ、小さなテントにつれて行かれる。しばらくそこで一人だけで過ごす。テントの前には親戚の女性が一人、見張りで立っている。

式にやって来た人たちは、花嫁の顔を見ることができない。皆が歌を歌ったり、太鼓をたたいてお祭り騒ぎをしている最中も、花嫁は一人で静かに座っている。

結婚式の前日のお祝いにて。中央で踊るのがウンム・スラマ

「花嫁は式の間ずっと泣いていたものさ。夫を見たことも話したこともない。なのにこれから2人だけで生活しなきゃいけない……」

式の間中、泣き続けていたウンム・スラマに、父親が言った。

「安心しろ。アブドルザハルはいい男だから。月に1回、様子を見に来てやる。殴ったりしてないかどうかね。だから安心して結婚しなさい」

「それが今じゃ、どうだい。花嫁は『私、結婚するの！』ってニコニコしてる。昔の式じゃ、みんな花嫁の顔を見られなかったけど、今じゃ、ど真ん中にどっかりと座ってて――」

式も終盤になった頃、花嫁の母親と姉が、花嫁を夫の家につれて行く。そこで2人きりになる。

その頃、花婿の家に移動するのは、きまって夜だった。花嫁が誰にも見られないようにするためだ。彼女は結婚によって、別の世界に入ったばかり。結婚前に知らなかった初めてのことを経験する。そんな自分自身が他の人に見られるのを恥ずかしがったものだった。その日から、彼女は人目を避けて、しばらく生活した。

「でも今の若い女は、式のすぐ後に人前に出て、平気な顔してる」

とウンム・スラマ。

彼女と夫は、誰もいない砂漠の奥地へ出かけて行った。

「何日くらいか、覚えていないね。飽きるまでさ。3頭のラクダに毛布とか水とか必要な物を積んで行った。走っているガゼルを見たり、遠くで人が歩いているのを見た。辺りには誰もいない。すごく静かだった。でも最初2人だけになった時は、怖くて恥ずかしかった。だから食事をするのもお茶を飲む時も、離れていた。彼が冗談を言ったり、いっしょに泉で遊んだりして、だんだんとうち解けていった」

初めての晩。焚き火の前に2人で座っていると、夫が彼女の肩に手を回そうとした。彼女は恥ずかしくて、距離を置いた。

「『ほっぺにキスしてよ』って言うから、『イヤよ。そういうのはアイップ』と言ったよ」

まるで少女に戻ったかのように、はしゃいだ表情で言った。

「もう結婚したんだから、アイップじゃないさ」

「ダメ！」

そんな押し問答が続いた——。

「日本の結婚式はどんな感じなんだい？」

彼女は突然、話題を変えた。

「ホテルとかレストランで花婿と花嫁がいっしょに座って……」

「やっぱり、ザガリートとか、踊りとか、やるのかい？」

「そういうのはあまりないなあ」

「ヒツジを殺して食べたりするのかい？」

それもないと言うと、

「そりゃ、寂しい結婚式だねえ。お酒は飲むのかい?」

「飲む」と言うと、「やっぱりね」と彼女は嬉しそうに笑った。

イスラム教徒のエジプト人の中には、式の時、こっそりお酒を飲む人もいる。

結婚はスイカみたいなもの

彼女の長女ウンム・ヤーセル(46才)も結婚する前、夫に会ったことがなかった。

「すごく怖かったわ。結婚して何するのか、夫はいい人かどうか、全くわからないんだもの……。式が終わって、部屋で2人きりになった時、夫は私に言ったわ。『衣装を脱いで、部屋着に着替えなさい』。私は怖かったから、彼が寝室に入ったスキにドアを閉めて、開けられないようにソファをその前に置いてしまったわ。彼は開けろって、ドアをドンドンたたいたけど、開けなかった。怖くて一晩中泣いていたわ」

ドレスのまま寝室のドアに寄りかかって眠った。

翌朝、朝食を持ってきたウンム・スラマが、玄関のドアをたたく音で目が覚めた。

「夫は怒らなかった。処女だから、夫と寝るのを怖がるのも無理はないって知っていたから。それから5日間、私に向かって『結婚したんだから、もういっしょに寝るのはアイツブじゃない』って話して聞かせたわ。6日目にやっといっしょに寝たの」

ウンム・ヤーセル（サミーラの結婚式にて）。左後ろがサミーラ

ウンム・ヤーセルは、70キロはゆうにある豊満な体と、貫禄《かんろく》ある態度や太く大きな声が特徴的な威勢のいい女性だ。その彼女にそんな初々しい過去があったなど想像もできない。

夫婦は、今はどこに行くにもいっしょである。行き先はたいてい母親のウンム・スラマか妹たちの家だ。歩いて20分ほどの距離だが、いつも夫が車で送り迎えする。夫がいない時は一人で外出しない。彼女は言う。

「私たちの結婚はね、顔を見るのも手を握るのもキスをするのも、みんな結婚後。スイカみたいなものよ。スイカは買って割ってみないと、おいしいかどうかわからない。赤くて甘かったらアタリ。そうでなければハズレ。私たちの結婚もそれと同じ。結婚してから相手が気に入らなかったら別れる。それで問題はないわ」

若い妻にお金をすい取られた夫

サミーラの結婚から2、3年たった後のことだ。ウンム・ヤーセルと雑談している最中、ふと出た話に私は驚いた。彼女と夫は、サミーラの結婚に反対だったという。いまだにムハンマドと口をきかないそうだ。理由は、彼が遊牧民でないからだ。

彼女は強い口調で言った。

「自分の娘はゼッタイ、遊牧民以外とは結婚させない。彼らは私たちとは違う。何かあったら裁判所へ行く。あそこでは、自分たちの問題が他人に知られてしまう。遊牧民はそんなことはしない。夫婦に問題があったら、長老が間に入って解決する」

実は、アブドルザハルとモナの結婚にも、周囲の反対が強かった。親戚の中には怒って彼と口をきかなくなってしまった人もいた。モナが遊牧民でないからだ。

一昔前まで、遊牧民は遊牧民としか結婚できなかった。それも同じホシュマン族同士でなければならなかった。遊牧民以外と結婚するのは恥といわれていた。

ウンム・ヤーセルは、ことあるごとに私に「モナのこと好き？」と聞く。その口ぶりからモナのことをよく思っていないことは明らかだった。

それは私も同じだった。彼女の高圧的な物言い、カイロ出身の女性特有の押し出しの強さなどが、どうもなじめなかった。しかし、それを正直にウンム・ヤーセルに言うことができず、いつもあいまいに笑ってごまかした。

しかし、思ったことがすぐ態度に出てしまう私は、実際にはウンム・スラマの家に入りびたる一方で、モナの家にはほとんど足を向けなくなっていた。私の心の中は周囲の人にすっかり見通されていたと思う。

そして、もし私がモナとも親しく付き合っていたら、ウンム・オモネイヤ（サミーラの兄嫁・37才）は、決して私にこんな話をしなかったに違いない。

これも、サミーラの結婚式からずいぶん年月がたった頃のことだ。雑談の最中に、話がアブドルザハルのことになると、彼女は急に語気を強めた。

ウンム・オモネイヤ

「アブドルザハルはモナと結婚する前、お金がたくさんあって、大きなトラックも5、6台持っていた。でも結婚して全部失ったわ。次々に売ってしまったのよ。モナが『車を売ってお金つくって』って言うから。彼女をカイロに行かせたり服を買ってあげたりするのにお金が必要だったから。彼女は1回着た服は2度と着ない。みんな噂《うわさ》してるわ。彼が知らないだけよ。族長とアブドルザハルは同じくらいの時期に砂漠からハルガダに移り住んだ。それから族長は次々とビルを建てて、それを子どもたちにゆずったわ。族長の娘たちもハルガダの学校に行ったけど、族長は娘を遊牧民としか結婚させなかったのよ」

ハルガダ育ちで物おじしないウンム・スラマの娘たちと違って、ウンム・オモネイヤは保守的なミニヤ出身らしく、いつも静かで思慮深い雰囲気をただよわせていた。最初の頃は、ウンム・スラマの家で私を見かけても決して話しかけてはこなかった。

しかし私がここに通い出して2、3年がたち、次第に彼女と少しずつ言葉を交わすようになると、夫婦生活や避妊のことなどプライベートなことも話してくれるようになった。それは夫の姉妹たちにも語ったことがない類《たぐい》のことだった。以前はふっくらとしていたが、避妊注射の副作用でげっそり痩《や》せ細ってしまったことなど……。やがて彼女は私にとって、ハルガダでいちばん信頼と愛情をよせる相手になった。

式の会場は家の前の路地

私のモナに対する態度と比例するかのように、モナの私に対する態度も次第にとげとげしくなっていった。

サミーラの結婚式で、彼女を美容院に迎えに行くため、家族総出で車に乗り込もうとした時のことだ。その場に居合わせたモナが私に言った。「サミーラは私の娘よ。家族以外は、この車に乗らないでほしいわ」

私は、美容院で美しい花嫁に変身したサミーラを、いち早くこの目で見たかった。その気持ちを察したウンム・アフマドが、私を無理やり、車に押し込んだ。

サミーラの結婚式。中央がサミーラ

サミーラがこの日美容院入りしたのは、午後の1時すぎだ。それから延々と6時すぎまで化粧や着替えを行っていた。

夜7時。私たちを乗せた車が、美容院に到着。サミーラを拾い、近くで待機していた親戚と合流すると、数台の車が連なって、市内を走り回った。ブーブーとけたたましいクラクションを鳴らし、車内では皆、太鼓をたたき、歌を歌い、騒々しい音をたて続ける。

式場は、ウンム・スラマの家の前の路地だ。エジプトの結婚式は、ホテルやレストランで行うこともあるが、およそ半分は自宅前の路地で行われる。

式はあいさつやスピーチなど堅苦しいものはいっさいなく、ひたすら歌と踊りが続く。サミーラは式場の上座にしつらえられた席にムハンマドと並んで座り、終始笑顔を絶やさない。

親戚や友人が代わる代わる彼女の所に来てあいさつし、いっしょに写真を撮る。その合間に彼女は、隣に座ったムハンマドと顔を寄せ合い、親密そうに話をしている。

大音響の音楽に乗って、一人また一人と、友人や親戚が前に出て踊り出した。中盤になると、ウンム・スラマも踊りの輪の中にくり出した。ふだん足が痛い、背中が痛いとしきりに体の不調を訴えている彼女が、生き生きとはしゃいでいる姿が印象的だった。

第３部　男と女

Men and Women

「美しい女性、お金持ちの女性、
両親がすばらしい女性、
お金はないけれど信心深い女性、
この４人のうち、結婚相手にどれを取るか？
美人は年とったら容姿が衰えるだろう。
お金はいつかなくなってしまうかもしれない。
両親は先に死んでしまう。
でも信心深さは、ずっと変わらない。
だから最後の女性と結婚するのが、いちばん幸せなんだ」
——スラマ・アブドルザハル

第10章　白いハンカチと赤い口紅

ブラジャーもスリップも結婚までおあずけ

「目の上に塗ってるアイシャドーは何さ？　私なんか、生まれてから一度もあんなもの、つけたことないのに。今のエジプトの女はなってない！」

テレビ画面をにらみつけながら、ウンム・スラマは憎々しげに叫んだ。

彼女の家で衛星放送の受信機を取りつけたのは、２００７年1月のことだ。

それまでテレビはあったが、部屋の隅でホコリをかぶっている状態だった。しかし今では、家族中がほとんど1日中テレビの前に座りっぱなしだ。

しかしこの文明の機器は、ウンム・スラマに新たなストレスをもたらしているらしい。

ブラウン管の中で、濃い化粧をした女性歌手が、体の線がくっきりと見える衣装を着て、体をくねらせながら、なまめかしく踊り、歌う。

「娘にはゼッタイ、化粧なんかさせない！」

「どうして？」

「化粧して外を歩いたら、男が『あの子、可愛《かわい》い！』って寄ってくる。アイップ！」

遊牧民女性の間で、この「アイップ」は実によく使われる。それは圧倒的に女性に対してが多い。特に「年頃の」未婚女性が、肌を露出したり、体の線が見える服を着たりする場合に、「はしたない」「恥だ」と戒め、慎み深く行動するよう促すために使われる。

シャディア(左)とウンム・スラマ

その頃、ウンム・スラマの末娘のシャディアは、姉のサミーラが結婚前に勤めていた土産物屋で働いていた。
ある日、彼女はより条件のよい仕事を見つけたと言った。ホテルのサウナで、マッサージとむだ毛取りをする仕事だ。

「でもお母さんが、他人の体をマッサージするのはアイッブだって許してくれなかったの」

と残念がる。結婚前の娘が脱毛したり、眉毛を剃《そ》るのもアイッブ。ブラジャーやスリップといった女性らしい下着を身に着けるのも、結婚までアイッブだという。

処女の証・血の付いた白いハンカチ

遊牧民女性を含むエジプト女性の生き方・考え方の軸になっているもの、それがこの「アイッブ」と次章のイスラムの教えである。

結婚前の最大のアイッブ――それは、異性と肉体関係を持つことだ。

ウンム・スラマの家と同じ頃、その向かいにあるウンム・オモネイヤの家でも、衛星放送の受信機を取りつけたが、電器屋で欧米の番組を受信できないようにしてもらった。ポルノ番組があるからだ。

「娘（17才と15才）がそういう番組を見たら、男と悪いことをするかもしれない。結婚前にやっていいことと悪いことをちゃんと教えないと」

ウンム・オモネイヤが結婚式を挙げたのはミニヤだった。式が近づくと、母親が初夜にすることを教えた。

ウンム・オモネイヤ(中央)と夫サイード(右)と娘たち

「花婿が部屋に入って来て、あなたのベールを脱がす。それから彼はこう言うのよ。『着替えをしなさい』。その間、彼は外で待っている。ゆっくり着替えて、白い下着と白のガウンを着る。2人でいっしょに礼拝をして、それからセックスするのよ」

式の1週間前、母親は白いハンカチを持って来た。

「これは初夜の時のためよ。その日まで大切にとっておきなさい」

母親は、夫となる男にもハンカチを見せた。

「初夜の時、これに血が付けば、あなたの妻が処女だとわかる。処女なら彼女はお父さんに殺されないわ」と説明したという。

初夜の翌朝、夫婦の両親が訪ねて来た。

「お母さんと夫の母親が来て、言ったわ。『ハンカチはどこ?』。私の血が付いたハンカチを見て、皆が『おめでとう!』って叫んだわ」

ウンム・オモネイヤは7才の時に割礼[*1]している。初夜の時、血を出すためと母親から言われたそうだ。

「ミニヤでは、ほとんどの少女が割礼をしていたわ。男も割礼した女性が好きなのよ」

割礼は娘の性欲をおさえ、結婚前の男女関係を防ぐと考えられている面がある。


また男女の肉体関係を防ぐには、娘が異性の目に魅力的に映らないようにするのがいちばんだ。女性の性的魅力が、男女の肉体関係を招くきっかけになると考えられているからである。そのため、化粧や香水、体の線が見える服装などはアイップと戒められる。そして周囲(特に父親)は、娘が過ちを犯さないうちに、なるべく早く結婚させようとする。

では、ここの若い女性は、どうやって異性の目を惹きつけるのだろう?

婚約のきっかけとして多いのは、男性が女性を通りで見かけて見初めたというものだ。

その点では容姿も関係しているといえるが、よく礼拝するかなど周囲の評判にも重きが置かれている。

アイーダとスラマ

さらに重要なのは、男女が簡単に接触できないため、かえって異性に対する憧れが強まり、女性というだけで男性の目には魅力的に映るということだ。

そんなことを実感したのが、アブドルザハルの長男スラマ（40才）とアイーダ（19才）の結婚だ。

夫のためにセクシー下着を買いあさる娘

スラマには、3度の離婚歴がある。小柄で色の浅黒い精悍《せいかん》な顔つきをしていて、実際の年齢より若く見える。ウンム・アラカという定住地のオーナーをしている。

アイーダはミニヤの出身で、スラマとの結婚話が持ち上がる少し前に、スラマとは別の定住地に家族で移り住んだ。長いまつ毛と大きな黒い瞳を持つ美しい女性だ。

私が初めてアイーダに会ったのは、婚約した月のとある金曜日だった。

この日、彼女の嫁入りのための下着を買いに行くのに同行した。父親のフラッジ（45才）、スラマの妹のファトマ、ウンム・アフマドたちと、中国人経営の臨時マーケットに向かう。

体育館のような広い建物の中に、いくつもの店が並ぶ。スリップやナイトガウンなどが壁につるされ、テーブルの上には濃紺、純白、深紅……色とりどりのブラジャーやパンティなどが並ぶ。

ウンム・アフマドたちは、それらを次々に手に取っては、「これはどう？」「これは？」とアイーダにつめよる。アイーダはニカーブ（目だけ出して顔を隠すベール）を着けているため、表情はわからない。しかし明らかに、姉妹2人の勢いに押されるばかりといった様子だ。

このように、新婦や新郎の姉妹などが、結婚に際して、しゃしゃり出て来るのは、エジプトではよくあることだ。花嫁は、「結婚生活のことは何も知らない」ように振る舞うのがよいとされている。

細面で一見気弱そうな父親のフラッジは、そんな彼女たちのやりとりを、少し離れた所に立って、所在なさげに見守っている。

ウンム・アフマドが、1枚65ポンドのスリップを手に取って、売り子に言う。「これ、3枚買うから、120ポンドにおまけしてよ！」。ファトマは、紺のナイトガウンが80ポンドと聞くと、「何よ、それ！」と、わざとらしく驚いてみせる。

アイーダは、姉妹たちに何か聞かれるたびに、恥ずかしそうに小声で返事するだけだ。彼女の好みというより、ほとんど姉妹2人の趣味できめられていく。

購入がきまるたびに、姉妹はフラッジに向かって言う。

「はい、フラッジ、これ30ポンドだから」

フラッジはポケットから、するすると100ポンド札を取り出す。下着代は、スラマがフラッジに払った結納金のマフル7000ポンドから支払われる。

この日購入したのは、パンティ10枚、ブラジャー5枚、スリップ5枚、ナイトガウン3

着……計600ポンド。

花嫁は皆、一度にこんなにたくさん下着を買うのかと聞くと、

「こんなの少ない方よ。サミーラの時なんて、こんなもんじゃなかったわ。彼女、働いてたし」

とファトマ。

女らしい下着というのは、結婚前の女性の羨望《せんぼう》の的らしい。私はたくさんの若い女性から聞いた。

「セクシーな下着は結婚してから。結婚の時、たくさん買うわ。男が好きだから」

男は4、5回離婚しててもかまわない

この日、私はアイーダとフラッジに同行し、定住地の家に泊めてもらった。他の遊牧民の家と同じく、蘆の枝を組んだ家だ。

母親のウンム・アビート(47才)とアイーダの妹3人が、私を旧知の仲のように迎えてくれた。

夕食をごちそうになりながら、アイーダの結婚についての話を聞く。

一家がここへ移り住んだ年の秋、アブドルザハルから「うちの息子が妻を探している。君の娘はどうか」と話があった。

同じ定住地の住人にその話をすると、スラマに3回の離婚歴があることを聞かされ、次々に反対された。

だがその後、フラッジは自宅を訪れたスラマと話をし、いい男だと判断したという。

私は思い切って聞いてみた。

「男に離婚歴があるのは気にしないの？」

「全然」

フラッジはきっぱり否定した。

「4、5回離婚してたって、かまわないさ。大事なのは、ちゃんと働いて家にお金を入れること」

しかし……アイーダはまだ19才だ。

ウンム・アビート（左）と娘たち（アイーダの妹）

「もっと若い男がたくさんいるじゃない。25才くらいとか？」

私が言うと、「ダメだ」とフラッジは首を横に振る。

「男は年をとってた方がいい。人間が確立されている。若い男はあっちの娘、こっちの娘ってキョロキョロしてよくない。アイーダだって、すごく喜んでるさ」


当事者であるアイーダは、この結婚をどう思っているのだろう。

スラマが初めて家に来る1週間ほど前、父親から「お前を嫁に欲しがっている男がいる」と聞かされた。その時彼女は「わかった」と答えただけだ。男のことをたずねるのはアイップだという。

その後、スラマと両親、3人の妹たちが彼女の家を訪れ、「あなたを嫁に欲しい」と伝えた。

その時、スラマとアイーダは握手をしただけで、一言も言葉を交わしていない。しかも、アイーダはニカーブで顔を隠していた。「婚約前に話をするのはアイップ」とアイーダ。

「スラマを初めて見た時、どう思った？」

「質素で穏やかそうな人だと思ったわ。落ち着いていて実直そう」

と、静かだが、しっかりと確かな口調で答える。

その後、マフルの話し合いと婚約の日取りを決めるため、2回ほどスラマが訪ねて来た時も、父親は2人が話をするのを許さなかったそうだ。

簡単に会えないから愛おしさがつのる

その1週間後、私がアイーダの家を再訪した時のことだ。そこへスラマがやって来た。その瞬間、外にいたアイーダは、走るようにして家の中に駆け込んだ。

私はてっきり、彼女が恥ずかしがっているのかと思ったが、後で聞くと、「もしスラマと同席したら、フラッジに殴られる」からだと言う。

蘆の壁を通して、スラマとフラッジの話が聞こえてくる。

「フラッジ、なぜアイーダと話をさせてくれないんだ?」(スラマ)

「ここで大声で話せば、彼女に聞こえるさ」(フラッジ)

「それはないじゃないか。壁を通して、どうやって話せって言うんだい」(スラマ)

2人のやりとりを聞いている、アイーダの目が涙ぐんでいる。

もちろん、フラッジのような父親は少数派だ。婚約をすませれば、2人きりでは無理だが、家族を交えて話をすることはできる。

これでは、2人はどうやって互いのことを理解するのだろう。フラッジは言う。

「スラマがいい人かどうかは、神が知っているのさ。私らの結婚には、愛はないんだ。子どもを産み育てていくうちに、愛が芽生えていくんだ」

アイーダも、

「外見でいい人だとわかればそれで十分よ。結婚した後で、少しずつ理解していく方がいいわ。上手くいかなかったら、別れればいいだけよ」

婚約後に娘の家族を交えて話ができるが、それには節度が求められるらしい。ある若い男性は言った。

「もし婚約した男が女に会いたくて、毎日彼女の家に出向こうものなら、みっともないって、周囲の人に噂される」

サイーダはしばしばフラッジのことを「自分の娘をむやみに男に会わせない。昔はみんなそうだったんだ」と言って誉める。彼女はフラッジに会ったことはない。彼女の評価は、すべて人から聞いた話によるものだ。

ようやくスラマが彼女の顔を見ることができたのは、結婚契約の日だった。

その日も最初、彼女は顔を見せるのを拒んだが、マアズーン（結婚契約公証人）に、「結婚契約書を作成するのに、顔写真が本人であることを確認する必要がある」と言われ、やむなく顔を見せた。その時のことを、スラマは「すごくきれいで驚いたよ」と嬉しそうに語る。

婚約をすませた後、2人で握手をしたが、会話らしい会話はなかった。

2人が初めてまともに話をしたのは、私たちが下着を買いに行った日だ。買い物を終え、彼女がウンム・スラマの家で休んでいた時、フラッジは外出していた。そのスキにスラマはアイーダに話しかけた。

「ニカーブを取ってよ」とスラマが言ったが、彼女はそれには応じなかった。

そこへフラッジが戻って来て、2人の会話は中断された。

「その時、彼の顔つきとか態度、雰囲気を見て、いっぺんでスラマのことが好きになったの。それからは毎日彼のこと考えてるわ」

アイーダは恥ずかしそうに、ぽっと顔を赤らめた。


このように、容易に相手に会えないことが、相手への憧れや恋心をつのらせるように思う。現にスラマたちは、ろくに話をしないにもかかわらず、確かに恋心を抱き合っていた。私がアイーダに会う前から、スラマはよく「アイーダはすごい美人なんだ」と嬉しそうに話していた。それは周囲の話を総合すると、まだ2、3回しか彼女と会っておらず、まともに顔を見たのも1回だけという状況だったはずだ。

逆にもし、男女が何の障害もなく、自由に会い、何でもできたら、どうだろう?

サミーラの夫のムハンマドは言う。

「もし結婚前に一度でもセックスをしたら、それが2回、3回と続いて行く。そうしたら、男は結婚しない。結婚はめんどくさいことが、たくさんある。マフルを払ったり、相手の親戚にも気を遣ったり。そういうのは無視して、セックスだけしたいって男もいるんだ」

父親のフラッジも同じことを思っていたのではないだろうか。

簡単に近づけない、触れられない相手だからこそ、興味をひかれ、魅力的に思える。

また女性が「アイップ」と戒められ、肌を隠し、体の線が見えない服装をすることは、逆に男性の想像力を刺激し、女性を神秘的に見せている。

その意味で、「アイップ」は、男と女をへだてる装置でありながら、現実にはいっそう互いの関心を呼び起こし、女性の性的魅力をおさえつつも、実際は、女性としての価値を高めているように思う。

妻の美しさは夫だけのもの

化粧、香水など、結婚して自由にできることにも条件がある。夫の前だけということだ。

日本では、外出時に化粧をし、家ではノーメークの女性が多いと思うが、ここでは全く逆だ。結婚した女性が化粧をして外出することはアイップとされる。妻の美しさは、夫だけに見せるものだからだ。

「夜はしっかり化粧して、丈が短くて色っぽい下着を着けて、髪を下ろして、夫の帰りを待つの」

とウンム・オモネイヤは嬉しそうに言う。

「こんなのを着るのよ」

奥の部屋から夜の服を持って来て、私の目の前に広げた。スケスケのピンクのネグリジェ、シースルーの深紅のナイトガウン、目のさめるような青のスリップ……。新婚の時だけでなく、最近買った物もあるという。

彼女は外出先でも家でも、黒や茶の丈の長い服ばかり着ている。そのギャップにくらくらした。

「毎日こんなの着るの?」

驚いている私を見て、彼女は笑う。

「そうよ。他に誰が見てるって言うの? 夫だけじゃない」

「寒くないの?」

「冬はセックスしたら、すぐに厚い服を着るのよ。フジヨ、日本ではどうやってやるの？　まさか、洋服を着たままじゃないでしょ」

　私は、まだ結婚してないからと言って逃げる。

「毎日違うのを着るの。でも毎日セックスするわけじゃないけど。3日か4日に1回くらいね」

「今晩はやるかどうかって、どうやってわかるの？」

「雰囲気よ。言わなくったって、お互いわかるわ。そんな時は、念入りに水浴びして、口紅を塗り、アイシャドーと香水をつける。髪をていねいにとかして……」

「彼がしたいけど、自分はしたくない時は、どうするの？」

「断るのはイスラムで禁じられているのよ[*2]。でも、やさしく『今日は、疲れているから』って言えば、大丈夫」

　そこへ、ファトマが入ってきた。

「ファトマも、こういう物を着るの？」

　私が聞くと、

「私たちはみんなそうよ。フジヨが結婚したら、スリップを買ってやるわ。いい？　ここの男と結婚するの？　それとも日本人？」

「考えとくわ」

と笑ってごまかすと、

「ゆっくり考えてる場合じゃないわよ。どんどんトシとっちゃうんだから！」


彼女たちがふだん親しく接触できる異性は、ほとんど夫と親族だけだ。外で知っている男性に会っても、あいさつだけ。親しく話をするのはアイップである。家に親戚以外の男性が訪ねてきた時は、別の部屋で待機している。

ある日、シャディアといっしょにサミーラ夫婦を訪ねた時、そこへ夫ムハンマドの友人がやって来た。その瞬間、サミーラはさっと奥の寝室に隠れ、友人がいる間は、夫たちがいる応接間の奥にあるトイレにすら行けなかった。夫以外の男性がいる場に妻が出て行くのはアイップだからだ。

こうして、結婚した女性の異性との接点は、夫婦間に限りなく限定されていく。そして夫婦関係は緊密になり、それが相手への強い執着につながる。

スラマとアイーダの結婚から2年ほどがたっても、ムハンマドが一度もアイーダの顔を見たことがないというのに私は驚いた。スラマがアイーダを他の男に見せたがらないからだ。

アイーダも同じだった。スラマの定住地に住んでいたある家族は別の定住地に引っ越したが、原因はアイーダだった。一家には2人の若く美しい娘がいたが、スラマが娘たちと話をするのをアイーダが妬《ねた》んだ。彼女は、スラマにそのことで圧力をかけたのだろう。家族はスラマに定住地を出るよう言われたそうだ。これは、その家族に直接聞いた話である。

＊1　男女の外性器の一部を切除したり加工する行為。男子割礼はイスラム世界のほとんどで行われているが、女子割礼はエジプト、スーダンなどの北アフリカ、西アフリカやアラビア半島の一部などでしか見られない。またイスラム世界に限った習慣ではなく、西アジア、アフリカ中部、オーストラリアのアボリジニの間やオセアニアの島々でも行われている。コーランに女子割礼を命ずる規定はない。ファラオ時代のエジプトで、すでに行われていたという記録がある。エジプトでは近年、イスラム学の最高権威であるアズハル大学の前総長タンターウィー氏が女子割礼はイスラムとは無

関係という見解を公にし、法律で禁止されているが、依然として根強く行われている。その理由として、「性欲を抑え、処女性や貞操を守るため」「昔からの伝統」「イスラム教徒の義務」などがある。一方、「割礼をすることで女性は清潔に、柔らかく女性らしくなり、性欲がわき、男性の精子を受け入れて妊娠する機会が増す」など相反する意見もある（『イスラーム世界事典』『近代・イスラームの人類学』『いまを生きる人類学——グローバルの逆説とイスラーム世界』『ドキュメント女子割礼』）。

＊2　預言者が「夫が妻を床へ呼び、妻がそれを拒むとき、天使は朝まで彼女を呪うであろう」と言ったというハディースが伝えられている（『ハディース——イスラーム伝承集成V』）。

第11章　結婚は人生の楽しみの半分

むだ毛処理も出産も、イスラムの教え通りに

アイーダは結婚した翌年、早くも女の子の母親になっていた。彼女の家では、いつもテレビでコーラン詠唱の番組を流している。

「コーランを流している家の中には悪魔が入って来ないのよ。だから神さまは可愛い女の子を授けてくださったの」

——産んだ時、怖かった？

「泣いたわ。お腹がすごく痛かった。朝7時に医者に行って午後1時に産まれたわ。それから1週間は寝たきりだった」

女医の所で産んだのは、スラマが男性に診せるのを嫌がったためだ。

「男の医者にかかるのは『ハラーム』よ。イスラムでは、そう教えているの」

スラマ（右）と彼の携帯で遊ぶ娘

「アイッブ」と並んで「ハラーム」も、遊牧民、エジプトの女性の間でよく使われる言葉である。イスラムで「禁止された行為」という意味だ。

イスラムでは日常生活のあらゆることをとりきめており、信者はその教えにのっとって行動する。具体的には『コーラン』や預言者ムハンマドの言行録『ハディース』に書かれた通りにするということだ。アイーダは結婚時に全身の毛を剃ったが、その理由を「ハディースにそうするように書いてあるから[*1]」だと説明する。

「お医者さんのところで、コンピューターで赤ん坊の画像を見たわ。でも、男の子か女の子かは知りたいとは思わなかった。ハラームだから。スラマがそう言ったの」

そういう意見は彼女たちの間では多い。しかし後述するが、必ずしも宗教的根拠があるわけではない。

「スラマの言うことは、何でもその通りにするの。そうすれば、結婚は上手くいくわ。イスラムでは、生前に夫婦がとても愛し合っていたら、2人は天国に行って、いっしょに暮らせるのよ」

アイーダはうっとりとした表情で言った。

オレさま夫を立てれば家庭は円満

事実、イスラムでは、女は男に従順であるべきと教えている。*2

ウンム・オモネイヤは、ふだん外出するのは市場へ行く時や子どもの幼稚園への送り迎えだけ。夫に外出するなと言われれば、しないそうだ。

「コーランに、夫の言うことをよく聞くようにって書いてあるからよ」

「じゃ、反対に、あなたが夫に外出するなって言うのは、どうなの？」

「ハラームだわ。私は女で彼は男だもの。イスラムでは、男は女より強いって教えているの。だから夫の言うことには、何でも従うのよ」

「それで楽しい？」

「もちろんよ。そうすることで神さまが喜んでくれるわ」

「本当？」としつこく聞く私に、彼女は「まあまあね」と苦笑する。

「そうやってハイハイ言っておけば、家の中は上手くいくのよ」

自由に外出できないと言うわりには、彼女の口ぶりには、悲壮感のようなものは感じられない。

女は宝石

その1週間後、私はウンム・スラマの末娘シャディアと、近所にあるモスクのシャイフ（指導者）の家へ向かった。イスラムについて質問するためだ。

シャディアは全身黒のアバーヤ（ガウン）姿だ。以前はジーパンにブラウスというラフな格好が多かったが、土産物屋に勤め出してから、好んでアバーヤを着るようになった。

彼女は肉付きのよい豊満な体型をしているが、アバーヤは全身をすっぽりとおおい隠すため、それを着た彼女は、スリムで神秘的にさえ見える。

シャイフの家は、シャディアの家から歩いて10分ほどの住宅街の中にあった。隣には彼が毎週金曜日に説教を行うモスクが建っている。

彼を前にシャディアは私のことを手短に紹介してくれた。大きな鋭い目つきをしたシャイフは40才くらいだろうか。がっしりとした体格で、真っ白のガラビーヤ姿が信心深さを感じさせる。

私はさっそく、自分のノートに記した質問事項の1つ目から聞いた。

――イスラム教徒の女性は、夫が外出するなと言ったら外出しないそうですが、イスラムでは、なぜそう教えているのですか？

シャイフはゆっくりと、よく通る大きな声で話し始めた。

「女性は金のようなものです。高価な物を持っていたら、家に置いて大切にしますね。むやみやたらに外に出さない。夫が妻のことを愛し、大切にしていたら、同じような扱いをします。イスラムは、女性を宝物のように大事にしなさいと教えています。妻も自分を大事にするため、自分の美しさをやたらと夫以外の人間には見せません。

——女性も働くことはできるのですか？

「夫婦で話し合って合意すれば、できます。イスラムは女性が働くことを禁じていません。ただし事務所で男女2人だけになるような仕事はダメです。帰りが夜遅くなる仕事もそうです。女性は肉体的に強くないからです。神は女性の体を男性と同じようにつくっていないのです。イスラムでは、家庭生活の金銭的負担は、すべて男性が受け持ちます。女性は働いても働かなくても自由で、働いても家にお金を入れる必要はありません」

——ここでは、男女が結婚前に2人だけで会うのは難しいですね。それはなぜですか？

「女性は宝石のようなものです。結婚もしないのに男と外出するのは心配です。男女が結婚前に寝て、女性が妊娠し、男が責任をとりたくなくて、逃げてしまうこともあります」

——イスラム教徒の女性は、出産の時に男性の医者に行ってはいけないと聞きましたが、本当ですか？

「男でも女でも問題ありません。ただ、イスラム教徒の方が好ましいとされています。イスラム教徒の女性への接し方をよくわかっているからです」

——妊娠している女性が、赤ちゃんの性別を知るのは、ハラームになりますか？

「ハラームではありません。ただ、男女の産み分けを人工的に操作するのはハラームです。神の意志に反するからです」

――イスラムでは男性は4人妻を持ってよいとされていますが、なぜですか?

私は次々と話の流れを無視して質問するが、彼は穏やかな口調をくずさない。

「イスラムで一夫多妻を認めたのは、夫を亡くした女性が一人で子どもを育てるのが大変だったからです。預言者ムハンマドの時代以前の男性はたくさんの女性と結婚していた。ムハンマドはそれを4人に制限したのです。[*3]彼自身、結婚した相手は未亡人が多かった。また女性が子どもを産めず、夫が子どもを欲しい場合や、妻が病気で寝込んでしまい、夫が仕事を辞めて家事に専念せざるをえないなどの場合、他の女性と結婚するのはやむをえません」

――エジプトでは、割礼をする女性がたくさんいますが、それはイスラムの義務ですか?

「違います。イスラムの教えをよく知らないからです。イスラム以前の習慣が今も残っているだけです」

独女でいるより既婚男と結婚した方がマシ

——ここでは、男性が女性にマフルを払いますが、それはなぜですか？

近年、マフルのないエジプト人の結婚も増えているが、ホシュマンの場合、まだまだマフルは一般的だ。マフルには結婚時に払うものと、離婚した時に払うものがある。

「離婚した場合のマフルは、女性に対する補償金のようなものです。イスラムでは離婚の権利は男性にあります。この権利を好き勝手に行使させないために、マフルがあるのです」

日本にマフルはあるのかと聞かれて「ない」と答えると、ホシュマンの女性は一様に驚く。そして同情の念がこもった目で私を見つめて言う。

「タダでお嫁に行くの？」

男が女にマフルを払う理由を、彼女たちはこう説明する。「女性は彼の家に入って、食事をつくったりして働くから」「結婚は男が女を欲するもの。欲しいなら、お金を払って手に入れる」……。

　遊牧民男性たちは家事をしない。だから彼女たちを見ていて、当初はマフルと引き替えに自由を売り渡しているように私には思えた。そんな考えが少し変わったのは、ラダ（19才）の意見を聞いてからだ。

「マフルの額によって、男が相手のことをどれだけ好きかわかるのよ。たとえば、すごく欲しい服があったら、どんなに高いお金を払っても買う。お金がなかったら、働いてでもしてお金をつくる。そうやって買った物は大切にする。洗うのも干すのもたたむのも、ゆっくりていねいにするでしょ？　安く買った物は、その辺に、ぽーんって放り投げても平気。マフルも同じ。たくさんマフルを払った相手ほど大切にするものよ」

　そこでなぜか、シャイフは私に個人的な質問をした。

「結婚していないのですか？　ボーイフレンドは？」

「なぜですか？」

「結婚はよい。結婚しなかったら、人生の楽しみの半分しか味わっていないことになる。

イスラムでは結婚を勧めています。[*4] イスラムは人が幸せになるための教えです。男と女を違うものとして神はおつくりになった。互いをおぎない合う意味でも結婚するのがよいのです」

どうして結婚しないの？

何度こう聞かれたことだろう。

イスラムの教えに忠実に生きる彼女たちにとって、適齢期をとっくにすぎても結婚もせず、一人でぶらりと海外の砂漠に来ている私に対し、「何が楽しくて生きているのか」と誰もが思っているらしいことは、この頃になって、ようやくわかってきた。夫に2人妻のいる女性はこんなことを言う。

「あんたみたいに、いい年してひとり者より、妻のいる男とでも結婚した方が、セックスできて子どももできるし、養ってもらえるし、よっぽどいいわよ」

一夫多妻も、なかなか捨てたものではないかもしれない。

＊1　信者の5つの習わしには、陰部を剃ることや腋毛《わきげ》を抜くことなどがあるということが、『ハディース』に伝えられている（『ハディース――イスラーム伝承集成V』）。

＊2　「アッラーはもともと男と（女）との間には優劣をおつけになったのだし、また（生活に必要な）金は男が出すのだから、この点で男の方が女の上に立つべきもの。だから貞淑な女は（男にたいして）ひたすら従順に」（『コーラン』）などと記されている。

＊3　一夫多妻の規定が設けられた目的として、主に2つの説がある。1つは、規定が初期ムスリム共同体がウフドの戦い（625年）で多くの成人男性を失った直後に啓示されたことを受け、残された未亡人とその子どもたちを救うために一夫多妻を許容しただけで、一般的に奨励したわけではないという説、もう1つはイスラム以前の無制限の多妻を4人までに制限したという説がある（『イスラーム世界事典』『イスラームを知ろう』）。

＊4　「お前たちの中でまだ独り身でいる者、お前たちの奴隷や小間使で身持ちのいい者は結婚させてやるがよい」（『コーラン』）、「あなた方のうちで一緒になることができる者は結婚しなさい」（『ハディース――イスラーム伝承集成V』）。

第12章　妻はふたり

夫を共有する2人の妻の対面

アイーダの父親のフラッジが、他の女性との結婚を考え始めたのは、アイーダが結婚した頃だった。妻ウンム・アビートと結婚して26年ほどがたっていた。

やがてフラッジは、同じ定住地に住むヒンド（19才）を見初めて婚約した。

ヒンドは、浅黒い肌と切れ長の目がエキゾチックな印象を与える、整った顔立ちの美人である。夫と死別し、1才になる娘がいる。

2005年9月のとある日、フラッジは初めてヒンドを家につれて来た。その2人の妻の初対面の場に、私はたまたま居合わせた。

ヒンドの19才とは思えない落ち着きぶりに驚いた。

ウンム・アビートは、部屋に入って来たヒンドをひと目見た瞬間、ひと言「こんにちは」と言うと、さっと背を向けた。ヒンドはその肩に手を回し、後ろからそっとウンム・アビートを抱きしめた――。

ヒンド（右）とウンム・アビート、末娘

妻2人は料理も食事もいっしょ

翌朝、皆より早く起きたウンム・アビートが台所で卵をゆでている所へ、眠そうな目をしたヒンドが入って来た。食事の支度をする年上の妻を、赤ん坊を抱きながら遠慮がちに部屋の隅に立って見つめている。

「こっちに来て座りなさい」

ウンム・アビートが促すと、彼女はその傍らに来て座った。

「この殻むいて」「そうよ」

自分の娘に対するような自然な物言いでヒンドに接するウンム・アビート。ヒンドはおそるおそる卵の殻をむき始めた。ウンム・アビートは、時折料理をする手を休め、ヒンドの腕の中にいる赤ん坊にウィンクを送ったりする。

できあがった朝食をお盆にのせ、ヒンドが別の部屋にいる夫へ持って行く。その時に、ウンム・アビートはすかさず私に言った。

「彼女はいい人だわ。とても謙虚だもの」

よかった……。2人は上手くいきそうだ。私は内心胸をなで下ろした。

その後、ヒンドとウンム・アビート、次女のフラージャ（17歳）と私の4人で朝食を食べるが、ヒンドは緊張しているのか、じっと押し黙ったままだ。

食べ終わると、ヒンドは持って来た荷物の整理を始めた。彼女の嫁入り道具はバッグ1つだけだ。幅1メートルほどの大きなバッグに、衣類などといっしょに鍋や皿も入っている。荷物を詰め込みすぎたためか、ファスナーが壊れて閉まらない。

「バッグ、大きいね」

「調理用具が入ってるのよ」

とウンム・アビートが言う。

「もう一人の奥さんがいい人かどうか、わからないでしょ。いっしょに料理や食事をしてくれなくて、一人で料理することになるかもしれない。そのために持って来たのよ」

ヒンドにも聞こえるように言う。彼女は恥ずかしそうにうつむいた。

「これからずっと料理はいっしょにやるの？」

「そうよ、食べるのもみんないっしょ」とウンム・アビートは嬉しそうに言った。

夫婦でセックスを我慢するのは罪

昼食はヒンドが料理をした。この日のメニューは、モロヘイヤスープとポテトフライだ。土がむき出しになった床の上で、ヒンドは素足のまま中腰になって料理する。

にんにくの皮をむいて細かく刻んで皿に入れ、コップの底でつぶして塩をまぶす。鍋にヒツジの油をひき、にんにくを炒める。茶色くなってきたところで、細かく切ったトマトを入れ、やわらかくなったのを見計らい、モロヘイヤを入れる。10年は料理をしてきたかのような慣れた手つきだ。

その合間にも、時々むずかる赤ん坊にお乳をあげる。そのふくよかな胸が見えるたびに、私は見てはいけないものを見ているようでドキドキするが、彼女は気にとめる様子もない。

私は思い切って、彼女に聞いた。

「どうして、年の離れたフラッジと結婚したの？」

彼女は毅然《きぜん》とした口調で言った。

「好きになるのに、年なんて関係ないわ」

「彼のこと、好き？」

「好きよ」

そう言って、ぽっと顔を赤らめる。

「ウンム・アビートに会う前、怖くなかった？」

「どうして？　いい人じゃなかったら、別々に暮らせばいいだけよ」とさらりと言った。

外にゴザを広げ、丸い大きなお盆にのせた料理を置いて、皆で丸くなって食べる。フラッジをはさんで、右隣にウンム・アビート、左にヒンドが座る。

フラッジはヒンドの腰に手を回し、ヒンドはフラッジの足をさする。

ウンム・アビートは、2人の様子を横目で見ながら、どこ吹く風といった顔だ。しげしげと彼らの様子を眺めている私に、フラッジが言った。

「フジヨはまだ結婚してない。まだこの世の本当の楽しみを味わっていないんだ」

それを聞いて、ウンム・アビートとヒンドが大笑いする。

「俺は今、天国にいる。フジヨの人生に足りないのは、男。愛する男がいれば、いつも幸せさ。ヒンドは、いつもニコニコしてるだろう。俺がそばにいるからさ」

フラッジとウンム・アビートは、もういっしょに寝ることはないという。

「それでもいいの？」

ウンム・アビートにたずねると、

「私はもう年寄り、おしまいよ。女として、壊れた車みたいなものよ。機械工に修理してもらわないと」などと冗談を言う。

「息子も娘も結婚したし、人生に満足してるわ」

実は夫婦には、他人には言えない問題があった。

ウンム・アビートは43才で末娘を産んだ時、その頭が通常より大きく、難産になった。

それを立ち会った女性が無理やり引っ張り出した。その後から性交時に痛みを感じるようになったという。それ以前は、夫は他の妻を欲しがることはなかったそうだ。

「日本では妻がセックスできない場合どうするの？」

「夫が我慢するか……」と私が言いかけると、

「それは、ハラーム」と夫婦は口をそろえる。

イスラムでは、夫婦間で性交を楽しむことを積極的に奨励する。

それでも、女であるウンム・アビートが「男がまだ健康でセックスしたくても、おとなしく我慢しなければいけないの？」と真顔で聞くのには、めんくらった。

「男が外で女と隠れて付き合うこともある」

私がそう言うと、

「エジプトでも、そういうことはある。でもハラームだわ。結婚した方がいい」

古い妻をないがしろにする夫

イスラムでは、一夫多妻の場合、夫は妻たちを平等に扱わなければならないとされるが、私の知る限り、平等に扱っているケースは少ない。

ウンム・スラマの弟のムハンマドには、タイガ（45才）という妻がいるが、彼は定住地で知り合った若い女性と結婚した。今では彼女と定住地で暮らし、砂漠で家畜の世話をするタイガには、生活費を渡すだけだ。それも他人に届けてもらうことが多いという。

私がムハンマドに会うと、彼はきまって2週間前にタイガに会ったと言うが、サイーダ曰く、それは違うようだ。

「ウソばっかり！　ムハンマドは、3ヶ月に1回くらいしかタイガには会ってない。私は知ってるさ」

と怒る。

「タイガはおとなしくて、すごくいい人さ。でも若い妻は、タイガみたいに砂漠に置きっぱなしにされたら、すぐに怒り出すにきまってる。ムハンマドは、若い妻には服もたくさんあげてて、肉とかいい食べ物を買って来るけど、タイガには、小麦粉とジャガイモくらいしか持って来ない。最近の男は、お金ができたらすぐに他にも妻を持って最初の妻をないがしろにする。昔の男はそんなにお金がなかったし、一人の妻を養うのでやっとだったのに」

複数の妻を持つ男性が増えた背景には、定住地で働くことで男性の収入が安定したことに加え、女性もラクダ使いなどで男性と同じ場で働くようになり、男女の垣根が低くなったことがある。

ライヤ（左）とサルマ（右）、サルマの子どもたち

妻を平等に扱わない男は地獄に堕ちる

最初の妻をほったらかして、新しい妻に入れ込む男の態度は、しばしば周囲の女性たちの悪評を招くようだ。その典型がハルガダに暮らすライヤの夫ムサリム（40才）だ。

彼女は夫とハルガダに住み始めるまで、砂漠に暮らしていた。やがて夫はサルマ（27才）という女性を2人目の妻にした。

その後、私はたびたびライヤの家を訪れたが、ムサリムを見かけることはめったになかった。彼はサルマとの家でほとんどの時間を過ごしているからだ。

ウンム・オモネイヤに、「ムサリムはサルマとべったりみたいね」と言うと、「そのことは、みんな噂してるわ。でもムサリムに言っちゃダメよ」とクギをさされた。

「彼みたいに妻を平等に扱わない男は、死んでから地獄に堕《お》ちる。コーランにそう書いてあるわ」

ライヤは玄関横の土間に所在なさげに座っていることが多かった。会えば必ず、胸が痛いなどと体の不調を訴えた。医者に行くよう勧めても、「どうせ薬をもらって終わり。何の役にも立たない」と投げやりに答えるだけだ。

「砂漠に戻りたい」が彼女の口癖だった。

彼女の不調は、好きな砂漠の暮らしを捨て、町に住まざるをえないストレスから来ていると、私は信じて疑わなかった。夫が他の女と結婚したことで、彼女がどんなに傷ついていたか、その時の私にはまだわからなかった。

第13章　嫉妬と中傷

おひとりさまを支えるアナログなつながり

２００８年４月。サイーダはアボ・カルブの鉄道から50メートルほどの場所にいた。アボ・カルブにはラクダがその葉を好む木が多く、彼女はここを生活の拠点にすることが多くなっていた。

彼女の近くにはウンム・アブダッラーという女性が暮らしていて、２、３日ごとにサイーダを訪ねて来る。

ある時、サイーダが場所を移動したため、ウンム・アブダッラーは15日ほどサイーダに会えないことがあった。彼女は泉で会った人にそのことを告げ、それを聞いた人が兄のアブドルザハルに電話した。彼は族長の息子サーレムにそれを話し、サーレムは同じ定住地に住む、サイーダの息子サーレムに話をした。サーレムは心配になって、母親を探しにやって来た。

「ある日、木の下で礼拝をしていたら、猛スピードで近づいて来る車がある。サーレムだった。『みんなが、母さんが死んでるんじゃないかって心配してたんだ』って言う。私が無事なのを母さんに伝えたら、とっても喜んだそうだよ」

と彼女は嬉しそうに言う。

ウンム・アブダッラーの夫は、ケナとサファガを結ぶ幹線道路上のキロアルバインという村〔地図〕で電話線の番人をしており、月に1度、妻に食料を届けに来る。そのついでに、サイーダも小麦粉を持って来てもらうことがある。なくなればウンム・アブダッラーに分けてもらい、ある時に返すこともある。

母親のヌウェイジャが食べ物を送ってよこすこともある。サイーダの暮らしは周囲の人に支えられている部分も大きいようだ。

かといって、他人に頼り切っているわけではない。ウンム・アブダッラーが定住地での結婚式に出かけた時は、サイーダが彼女のガナムを世話していた。

「私が式に行ったら、ラクダは鉄道の方へ歩いて行って列車にひかれてしまうよ。ウン

スベタ（右）と母親

ム・アブダッラーは式で肉を食べたけど、私は最近、全然肉を食べていない」

ずっと肉を食べていない、は彼女の口ぐせだ。

「フジヨ、７日間ラクダをあずかってくれない？　そうすれば母さんの所に行って来るから」

男はアソコが好きなのさ

「ビール・アル＝バシャの女に会ったのかい？」

翌朝、ゴルスを作りながら、サイーダが言った。

前年の9月、私はビール・アル＝バシャの近くに暮らすスベタ（以前ラマダンをいっしょに過ごした女性とは別の人）という女性の所に滞在した。彼女の夫は町で新しい妻と暮らしているため、彼女は一人でビール・アル＝バシャに住んでいる。

スベタの所から帰った後、私はサイーダの所に行くつもりでいた。しかしその後体調をくずして帰国。そのまま1ヶ月間、入院してしまった。

「彼女の所に何日いたんだい？　あの女がつくるゴルスはおいしくないだろう？　パンは、よく生地をこねなきゃダメなんだ。でもあの女はそうじゃない」

意外だった。２００4年の夏にサイーダとビール・アル＝バシャで過ごした時、近くにいたスベタがよくサイーダを訪ねて来て、仲よくいっしょに食事していたからだ。

「いつも車がたくさん来ただろう？」

そういえば、毎日入れ替わり立ち替わり、男が来ていた。男は、離れた場所に車を停めて、夜はそこで寝ていたし、別に気にもとめなかったが……。

「あそこには、しょっちゅう男が来るんだ。みんな妻がいるのに、ほったらかして、スベタの所に入りびたってる。夫婦の間で問題が起こるけど、スベタも男もおかまいなしさ。スベタは、大きなポリタンクはロバで運べないから、男に運ばせる。で、いつも男たちに、『肉が欲しい』とか、『ガラビーヤが欲しい』って言い、男は言われるままに持って来る。スベタは自分のことを欲がないって言うけど、大間違いさ。夫がお金を渡している。でも年に1回くらいしか来ない。代わりに他の男が物を持って来るんだ」

私が黙って聞いていると、彼女は勢いがついたように話し続けた。

「男はたいてい夜やって来る。車を離れた所に停めておいて、歩いて来るんだ。車を見られると、スベタの所にいるのが他人にバレる。でもみんな、そんなこと知ってるさ」

ビール・アル＝バシャは、定住地と町を結ぶ通り道という、便利な場所にある。話を聞いているうちに、彼女がそこを離れないのは、男たちが来るのに便利だからかとも思えてくる。

「妻じゃない女の所に入りびたってる男は、死んでから地獄に堕ちるのさ。私たちの間では、男は夫のいない女の所に来ても、お茶を飲んだら、すぐに立ち去らなきゃならない。何かしたかったら、お金を払って女を自分の物にする。そしたら好きなことができるんだ」

それにしてもなぜ？　スベタは50才すぎのおばさんだ。べつに美人でもない。

「男はスベタが好きなの？」

「彼らは、アソコが好きなのさ」

そう言うとワハハハ……と大声で笑った。

「心が好きなんじゃない。愛なんて、ないさ」

本当だろうか？　ウソを言っているような口ぶりでもない。

そういえば……夜、スベタは私から5メートルほど離れた所に寝ていたが、ある日夜中に目を覚ますと、彼女の姿が見えなかった。どこに行っていたのだろう？

サイーダの夫のダハラッラーも、以前よくスベタの所に入りびたっていたという。

「あの人は、スベタに言われるままにラジオをあげたりした。なのに、他の男が来ると、また『ラジオが欲しい』って、ねだるんだ。スベタは夫と離婚して、私の夫と結婚したがった。でもあの人は、彼女が他の男とも出かけたりしてるのを知ってたから、結婚しなかった。そしたらまた自分の夫とよりを戻しやがって！」

そうだったのか……と思った。

サイーダがスベタのことをこれほど悪《あ》しざまにけなすのは、夫のことがあるからかもしれない。

サイーダはふだん定住地に暮らす夫のことを全く話さない。私は彼女の結婚式について、これまで何度かそれとなくたずねた。返事はきまって、「式は3日間続いた。たくさんの人がお祝いに来た」など、そっけなく、いつもそれ以上詳しくは教えてくれなかった。

見も知らない男に嫁いだ彼女にとって、結婚は、さほど心浮かれるものではなかったのかもしれない。これは昔も今も、遊牧民の女たちにはよくある話だ。しかしたいてい子どもを産み育てていくうちに、愛情らしきものが芽生えていくはずだ。

ある時、私は彼女の甥《おい》のイードに「サイーダは夫のことを愛しているの?」と聞いたことがある。彼は「夫の子どもをたくさん産んだからさ（愛してるにきまってるさ）」と言った。サイーダはそれを横で黙って聞いていた。

彼女はいつも夫のことを「夫」と呼ばず、「あの人」とつき放して語る。それは照れをオブラートに包んだ言い方なのだろうか。異性への愛情を表立って口にしない彼らの文化の中で、サイーダも夫への思いを他人に見せないという規範の中で生きているのかもしれない。

新しいマダムと私とどっちがきれい?

フラッジが2番目の妻ヒンドを初めて家につれて来た日から半年ほど後、私は再び彼らの家を訪れた。

ヒンドのためにつくった離れ家

ヒンドのための新たな離れ家が、元の住まいから5メートルほど離れた場所にできていた。家族総出で建てた物だ。フラッジはヒンドと毎晩そこで寝ていた。

ウンム・アビートは、毎朝夫たちより早く起きると、その離れ家の東側の壁に毛布をかけていた。朝日が蘆の壁を通して部屋に入り込むのをやわらげるためだという。「2人がゆっくり寝られるように」と彼女は言った。

ある日私は、料理をするウンム・アビートの傍らで、それを眺めていた。突然、彼女は私に小さな声で言った。

「新しいマダムと私と、どっちがきれい?」

不意をつかれ、私は一瞬うろたえた。まさかそんな言葉が彼女の口から出るとは、思っていなかったからだ。

急いで、「あなたの方よ」と答えた。もちろん、内心では若い妻の方がきれいだと思っている。それは、ウンム・アビートも十分承知しているに違いない。しかしあえて私の口から、その言葉を聞きたかったのだろう。その時、私は彼女のせつない心の内をかいま見た気がして、心が痛んだ。

ハルガダのライヤの体調はよくなることはなかった。始終片方の目が痛んだり、胸が苦しいと訴えた。会うたびに医者に行くよう勧めたが、「医者なんて、高いお金払っても何の役にも立たない」と投げやりに答えるだけだ。

ウンム・オモネイヤは、そんな彼女をよく噂した。

「ライヤはムサリム（夫）がサルマと結婚したから病気になったのよ。でもライヤはいい人だから、決して自分の気持ちを表に出さない。サルマと結婚した時、ライヤはすごく怒った。今でも問題はあるわ。だから2人いっしょには住めないのよ」

私には、にわかに信じられなかった。ライヤとサルマがいっしょにお茶を飲んでいる姿をしばしば見かけたからだ。

私は以前、ムサリムに「もう一人の妻と結婚した時、ライヤは怒らなかったの？」と聞いたことがある。彼は「怒るわけないじゃないか」と平然と言い、ライヤも横でそれを聞きながら、静かに笑っていた。「彼は私によくしてくれる。いろんな所につれて行ってくれるし、お金もちゃんと家に入れてくれるし」と言う。そんなものかなと間抜けな私は思っていたが、今にして思えば、なんと馬鹿な質問をしたものだろう。

２００７年のラマダンの時、私は断食明けの食事を何度かライヤとともにした。断食明けの食事は、本来家族いっしょに食べるものだ。しかし少なくとも、私がライヤと食事をした時に、ムサリムがその場にいたことは１度もない。代わりに、彼女の妹か親戚の女性たちがいつもいっしょだった。

しかし彼女が、ムサリムへの不満やサルマへの嫉妬心を口にすることはもちろんなく、彼女の気持ちを代弁するのは、いつもきまって、ウンム・オモネイヤだった。

夫のモノをちょん切ってやる！

ライヤのような女性は、ハルガダでは例外的だ。ウンム・オモネイヤは、夫への執着を隠さない。「夫が他の女とも結婚したら、彼が好きだから、両親を巻き込んで問題を起こす」と言い、ワファは「もしフジヨが夫と結婚したら、首を切ってやるわ！」と言う。

ウンム・ヤーセルの夫が冗談で、「フジヨと日本に行って、妻に内緒で結婚するんだ」と言うと、彼女は「2人の後ろをこっそり付けて行って、フジヨのお茶に毒を入れて殺すわ」と息巻いた。

彼女は、以前新聞でこんな記事を読んだという。カイロ近郊のとある町で、妻子ある男性が他の女性と結婚した。妻は怒って夫に睡眠薬入りの紅茶を飲ませ、寝ている間に風呂に引きずって行き、ガソリンをかけて死なせたという。彼女は「ブラボー！」とその女性を誉めたたえる。

ウンム・スラマと、フラッジの新しい妻のことを話した時、彼女は威勢よく言った。

「私の夫は、ゼッタイ他の女と結婚させない。もし結婚するなら、彼のボルボスをちょん切ってやる！」

（たしか、彼女はアブドルザハルと離婚しているはずだが……）

私はボルボスの意味がわからず、「えっ？　何をちょん切るの？」とウンム・スラマに聞いた。

「何をって、アハハハ……フジヨは結婚してないから、この話題はアイップだったかな」と笑う。

「何よ、何を切るの？」と、なおもしつこく聞く私に、横で聞いていたウンム・アフマドが、下半身を指さして、ケラケラと心の底から楽しそうに笑った。

そういうことか……。

それまで私は、ウンム・スラマとモナが口論したりするのを、一度も目にしたことがなく、それどころか、テーブルを囲んでいっしょに食事している場面を何度も見ていたために、彼女の心の中で、その問題はとうの昔に解決済みだと信じきっていた。

まだ彼女の心の中で、アブドルザハルが「自分の夫」であり続けているという事実に、言葉を失った。

そしてその時初めて、彼女が乗り越えて来たに違いない幾多の嫉妬や苦悩を思い、胸がしめつけられた。

あ然としている私に、ウンム・スラマは言った。

「フジヨったら、本当に知らないのね。アハハハハ……！」

ぽかんとしている私を見ながら、彼女は高らかに大声で笑った。

エピローグ　これから　In the Future

夫に冷たくされた妻の死

「またか……」

ムサリムは、ため息まじりの小さな声でつぶやいた。

高級住宅地の中、海沿いの砂漠の中……予期せぬ臨時の検問が前方に見えるたびに、彼は脇道に入り、検問をやり過ごして、元来た道へ引き返すということをくり返していた。

２００９年11月。私たちは、ハルガダからケナに通じる幹線道路を通って、サムナにいるサイーダの所に向かっていた。

これまで、私たちは、いつも砂漠の中を通って行った。外国人は本来、ツアーバスやタクシーが連なるコンボイでしか移動できないことになっている。幹線道路には検問がいくつかあり、私が遊牧民の車に乗っていれば、間違いなく見つかる。そのため、本当なら途中まで幹線道路を使った方が早いが、私たちはいつも砂漠の中の道を通っていた。今回、幹線道路のルートをあえて使ったのは、2007年にそれまで通っていた砂漠の道に、突然コンクリートの障壁が設けられてしまったからだ〔地図〕。2つの小高い山の間の幅10メートルほどの道が、高さ約1・5メートルの塀で完全に遮断され、通行不能になってしまった。

サムナの近くの幹線道路沿いの町ハムサタマニンに、ムサリムの2番目の妻サルマとの家があり、今回、そこに行くムサリムの車に便乗させてもらうことになった。

私はベールをかぶり、その上にニカーブを着け、ガラビーヤを着て、すっかりエジプト人になりすましていた。それでも、検問の係員の目には、外国人であることは一目瞭然《いちもくりょうぜん》だろう。

検問が前方に見えるたびに、ムサリムはあわてて進路を変える。

私を乗せなければ、こんなめんどうなことをせずにすんだのに……申しわけない気持ちでいっぱいだった。

同時に、私の心の中は複雑だった。

（ムサリムは、私が「あのこと」を知っていることを、知っているのだろうか……）

「あのこと」——それは、私がここに通うようになって、最も悲しいできごとだった。

彼の妻ライヤが亡くなったのだ。それを知ったのは、3日前のことだった。


「ライヤは、ムサリムが他の女と結婚したから、病気になって亡くなったのよ」

ウンム・オモネイヤは言った。

「私たちは、みんな知っている。でも彼女は自分の気持ちを心の中にしまって、他人に言わなかった。だから病んでしまったのよ。フジヨは悩みごととかあったら、誰かに言う？」

——言ったり、言わなかったり……。

「言わなきゃダメよ。怒った気持ちのまま寝ちゃいけな

障壁

い。悪魔が体に入ってくる。私たちの言い伝えよ。ムサリムには言わないでね」

フジヨの子をラクダに乗せたら可愛いのに

そのとき、私の心の中で、あの日のことが鮮やかによみがえった。

2007年9月にビール・アル＝バシャのスベタの所へ行ったとき、私を案内してくれたのはムサリムだった。彼は私がスベタと数日過ごした後、ビール・アル＝バシャに私を迎えに来て、アパートまで送り届けてくれた。

アパートに着く直前、私はムサリムに「この後、どこに行くの？」と聞いた。彼は「家に帰る」と言ったが、それが2番目の妻サルマの家だというのは、聞かなくてもわかった。

その足で、私はライヤの所へ行き、ムサリムの車で無事帰ったことを伝えた。彼女は「ムサリムは、その後どこに行ったの？」と言う。私は何気なく、「家に帰るって言ったよ」と言ってしまってから、はっとした。それまでにこやかだった彼女の顔がさっと曇り、うつむいて押し黙ってしまったのだ。夫が他の妻の所へ行ったのを悟ったに違いない。

それまでライヤが夫への気持ちを露《あらわ》にするのは稀《まれ》だった。もしそうでなければ、私はムサリムがサルマの家に帰ったことなど、口が裂けても言わなかったに違いない。

私は自分の心ない一言で彼女を傷つけてしまったことを深く後悔した。彼女の本音らしきものをかいま見たのは、それが最初で最後だった。


もともと芳しくなかったライヤの体調が悪化したのは、それからしばらくしてからだった。彼女は足の痛みを訴え、医者に行ったがよくならなかった。ムサリムは彼女を母親が住んでいる定住地へつれて行った。ライヤが母親に会いたいと訴えたのだろう。

その半年後、私は定住地にいる彼女に会った。そして彼女の変わりようにうろたえた。顔や手足の肌はぼろぼろに荒れて皮膚がめくれていた。目の下がくぼみ、どす黒い顔色をしていた。見るからに衰弱している様子に、胸が痛んだ。

その時、彼女が言った言葉を今でもよく思い出す。

「フジヨはまだ結婚しないの？　フジヨの子どもが見たい。ラクダに乗せたりしたら、可愛いのに」

それが、彼女との最後の会話になった。

ムサリムは、ライヤの死を悲しんでいるのだろうか……と思った。

ムサリムに対する私の印象は決して悪くなかった。彼は最初の頃、他の男が私を悩ませたようなセクハラとは無縁だった。それはムティールも同じだったが、ムティールはヘビースモーカーで、それには辟易《へきえき》した。ムサリムはタバコをすわなかった。ムティールは寡黙で、車の中はしばしば重苦しい雰囲気がただよっていたが（と、私が勝手に思っていただけかもしれない）、ムサリムは適度に饒舌《じようぜつ》で、助手席ではリラックスできた。ムティールの中古で窓が閉まらない軽トラックに比べ、ムサリムのランドクルーザーの乗り心地ははるかに快適だった。しかし彼は自分の定住地の経営に忙しく、妻サルマの家にいることも多かったため、私が砂漠に行きたい時にタイミングよく会うことは稀だった。だから私が彼と砂漠に行ったのは、今回を含めて2回だけだ。

私はハルガダにいる時は連日ライヤに会いに行っていたし、その時ムサリムと顔を合わせることもあった。私が彼女によせる愛着をムサリムは知っていたはずだ。だからライヤが亡くなったのを私が知っていることを、彼は知っているかもしれないと思った。

彼にお悔やみを言うべきなのか……私は悩んだ。しかし亡くなった彼女が帰ってくるわけではない。逆に彼に辱めを与えることになるかもしれない。自分がライヤをないがしろにし、(周囲の意見によれば)それによって彼女が病気になり、亡くなってしまったことの一部始終を、私が知っていると知ることによって……。

ムサリムが他の女と結婚しなかったら、ライヤはあんなに若くして死なずにすんだのだろうか――。

それはきっと、神さまだけが知っていることだろう。

午後3時。私たちはサイーダの所に到着した。ムサリムに運転の謝礼を渡そうとしたが、がんとして受け取ろうとはしなかった。

夫を若い妻に取られた妻の呪い

ライヤの死はサイーダも知っていた。

「ムサリムが他の女と結婚したから、ライヤは傷ついて病気になったんだ」

と彼女は言った。

「誰が言ったの？」

「私は知ってるさ。最初は元気だったんだ。結婚したばかりの頃は、いつも出かけるのはいっしょだった。それがサルマと結婚してから、ムサリムはライヤをほったらかして、いつもサルマと出かけるようになった。車に乗っても、サルマを自分の隣に乗せて、ライヤは後ろに乗せるんだ」

ムサリムは、以前は頑丈な体格だったが、サルマと結婚してから痩せ始め、枯木のようになってしまっていた。心臓の病気があるという。

「ライヤの呪いのせいさ」

とサイーダは言った。


それから1年後にムサリムは亡くなった。

亡くなる3ヶ月前、症状が悪化し、アブドルザハルの長男スラマが、カイロの病院へつれて行った。医師の診断では、手術で症状はよくなるとのことだった。しかし彼は拒んだ。

「町の医者に心臓の手術を受けるのが怖い」という理由だった。

動き回っているからラジオがいい

「フジヨ、こんど来る時衛星電話を買ってきてくれ。それを母さんに持たせておけば、すぐに居場所がわかるから」

2010年4月、サイーダはサムナにいた。

私が着いた翌朝、次男のアオウダ（37才）が訪ねてきた。サイーダに食料をとどけに来たが、前日にサイーダが見つけられず、近くの砂漠で一夜を明かしたという。

「でもそうしたら、家族に電話しまくって、すごい金額になるだろうな。それとも衛星放送がいいかい？」

「1ヶ所にじっとしてなきゃいけないから、イヤ。いつも動き回ってるから、ラジオがいい」

とサイーダ。

サイーダのラジオは、私が来る少し前にラクダに噛まれ、壊れてしまっていた。ふだん

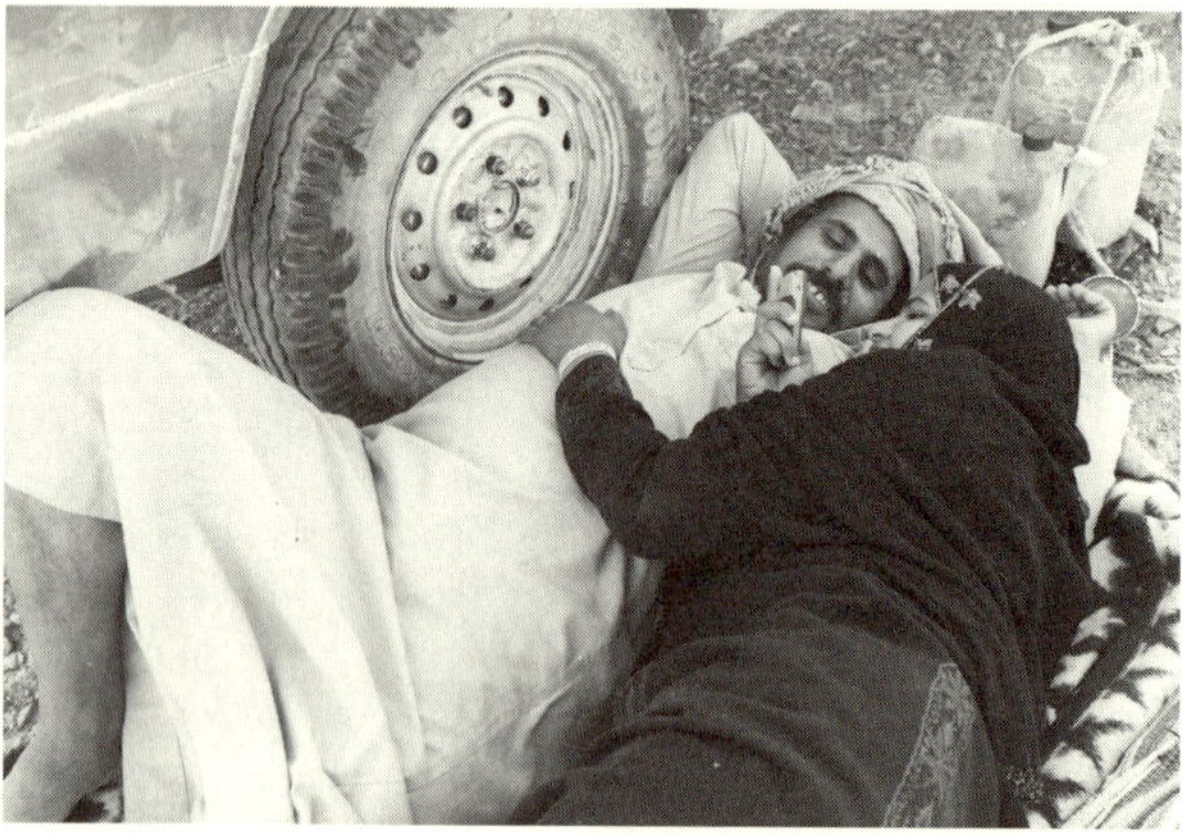

アオウダ（左）と妻

は自分でラジオを持っているが、その日は足が痛く、たまたま他の荷物といっしょにラクダにのせていた。ラクダがお腹をすかせていたため、口輪をはずして草を食べさせていた。そして、昼の礼拝を始めた。すると突然、ラクダがラジオを噛んだ。

「ラクダに荷物を積んでいる時は、必ず口輪をつけておかないといけない。でも、お祈りに気をとられて、すっかり忘れていたんだ」

このオスラクダのホムランは、私が初めて来た時に乗ったラクダだった。その時はおとなしかったが、その後色々と問題を起こすようになったという。以前アブ・ザワルで、サイーダの頭を噛んだこともある。オスのラクダは他にもいるが、まだ小さいため荷物はのせられない。それでも、町の市場で買って来たラクダなどは砂漠の草を食べないこともあるが、ホムランは食べてくれるだけよいという。

ラジオがないため、その日が何曜日か覚えておく必要がある。大切な金曜日の昼の礼拝を忘れてしまうからだ。

「頭に帳面があるのさ。そこに、今日は何曜日かって毎日書いておく。フジヨがいつもメモをとってるみたいに」

と、サイーダは笑った。

男と親しく話すと婚期をのがす

衛星放送の受信機が定住地の家に取りつけられるようになったのは、2007年あたりからだ。

私が最初に定住地を訪れた2003年当時、定住地の暮らしは砂漠の遊牧生活と大差なく思われた。電気はなく、もちろんテレビもなかった。しかしそれはすぐに一変した。2005年頃から、発電機を持ち込んで、テレビを見る家庭がちらほらと現れ出した。

ハルガダのホシュマン族の家庭で衛星放送の受信機が次々に取りつけられると、その一ヶ月後くらいには、定住地でも衛星放送を見る家が現れた。町で起こった変化が定住地に伝わるのは早い。

最初に受信機を取りつけたのは、族長の息子サーレムだった。今は同じ定住地に暮らすサイーダの娘ウンム・ハナンの家にもあり、夜になると周囲の家の子どもたちがテレビを見に集まって来る。

「観光業が始まって、町は近くなった。町にあるすべての物事が、すぐに知れる。前は砂漠の変化はゆっくりだったが、今は車も携帯も衛星放送も、あっという間に砂漠に広まった」

と族長は言う。

変化といえば、最も顕著なのは携帯電話だった。2003年に携帯を持っていたのは族長の家族などに限られていたが、その後わずか3、4年でまたたく間に増え、今では持っていない男性を見つける方が難しいくらいだ。これには2007年頃から、定住地に電波が届き始めたことが大きい。

今ではサイーダの子どもたちは皆携帯を持っている。

――携帯があれば、好きなときに子どもたちと話ができるのに。

「みんな使い方なんて簡単だって言うけど、若者ならすぐに覚えられても、ばあさんには難しい。息子たちが来たら電話をかけてもらって話して、終わったら息子に渡す。電池がなくなったら、どうしたらいいかわからないし、電池がなくなったかもわからない。もし使い方を知ってれば、ラクダを売って携帯を2つ買う。でもきっとたくさん話して、すぐに電池がなくなってしまうさ。ウンム・アブダッラーみたいに」

と、サイーダは笑った。彼女は1年前に携帯を買って以来、毎日のように、定住地にいる娘やハルガダの親戚と話をしているそうだ。

ウンム・アブダッラーがサイーダの近くにいた時、サイーダの娘のウンム・ハナンは、定期的にウンム・アブダッラーに電話をかけ、サイーダの安否をたずねていた。

「今は若い人のほとんどが携帯を持ってる。なんてこった！　サイード（末息子）なんて、少し使ったら、すぐに売って他の携帯を買う。まったく……」

定住地では、子どもたちが衛星放送のポルノ番組を見て、それをカメラ付きの携帯で写しては、見せ合ったりしているという。

以前は、遊牧民の中で結婚しない女性はほとんどいなかったが、携帯を持つようになって、増えてきたそうだ。

「昔は、女が結婚しないのには理由があった。夫に乱暴されて男が嫌いになったとか……。でも今は、そうじゃなくて結婚しない女が増えた。携帯で男と親しそうに話してる女は、男がいやがるから」

ハムサタマニン〔地図〕に住むサイーダの姪《めい》は、30才で独身だ。そこには観光客を乗せたバスが毎日やって来る。彼女はその護衛の警察官たちとしばしば携帯で話していて、ホシュマンの若者たちはそれを知って、彼女と結婚したがらないそうだ。

妻を働かせて自分は遊んでいた夫

結婚も変わった。以前彼らの間では、遊牧民以外と結婚するのはアイッブだったが、族長の息子のマフムードは、2007年にスペイン人女性と結婚した。

2011年には、アブドルザハルの娘のサミーラが夫ムハンマドと離婚し、スイス人男性と再婚した。結婚後にムハンマドが働かなくなったからだ。娘が2人産まれても状況は変わらなかった。サミーラは子どもを母親に預け、ホテルのマッサージの仕事で働いた。給料は1800ポンドと悪くはなかったが、アブドルザハルは快く思わなかった。彼が時折ムハンマドに注意したが、働こうとはしなかった。サミーラは心労で枯木のように痩せてしまったという。

車を運転するサミーラ

今ではサミーラは、新しい夫に車の運転を教わり、一人で車で買い物に行く。

サイーダは、サミーラの再婚について、「でも彼（夫のスイス人）はイスラム教徒になったんだ」と嬉しそうだ。

よい雨が降っても定住地を離れない

純粋な意味での砂漠に暮らす遊牧民は、あと20年もすれば、いなくなるだろう。雨が降ると、家畜に草を食べさせるため、多くの遊牧民が砂漠に出て行く。しかし、それは一時的だ。草がなくなれば定住地に戻る。定住地の仕事を手放すことはないと多くの男性が語る。

よい雨が降って砂漠で家畜を育てて売るのと、定住地で働く収入を比較した場合、単純に比較すれば、前者の方がよい。オスのラクダは、3500〜4000ポンド、ヤギは200〜300ポンド、ヒツジは1000〜1200ポンドで売れる。

砂漠の草があればエサを買う必要がない。定住地では、ラクダ1頭を育てるのにエサ代が月100ポンドかかる。

しかしこれは、毎年のようによい雨が降れば、の話である。それは近年では考えにくい。一方、定住地にいれば、最低限の収入は保証されている。そのため雨が降っても一家の主は定住地で仕事を続け、妻子だけが砂漠で家畜の世話をしたり、砂漠にいる人に家畜を預けたりする。

こんどはコカ・コーラを持って来て

定住地で生まれ育った子どもたちは、足跡をたどることを知らなくなりつつある。ラクダ使いなどで働き、観光客からチップを受け取り、そのお金で自由にお菓子やジュースを買う。そんな生活に慣れたら、砂漠で遊牧生活を送りたいとは思わないに違いない。

一度覚えた味の誘惑には抗しがたい。サイーダですら、そうなのだから……。

今回彼女は、母親から送ってもらったコカ・コーラをおいしそうに飲んでいた。そして私に言う。

「こんど来る時は、ペプシとコカ・コーラ1本ずつ持って来て」

彼女は3、4回目の滞在あたりから、私が持って来る食料について、それとなく注文をつけるようになった。

私の持って来たリンゴジュースを2人で飲みながら、「ジュースは、オレンジがいちばんおいしい」。マカロニを料理していれば、「チキンスープの素があれば、もっとおいしく

サイーダの荷物置き場

なるのに」。チョコレート菓子を食べながら、「これよりも、パッケージに○○と書いてある物の方がおいしい」……。

私はてっきり、サイーダは、ゴルスばかりの食事に満足していると信じて疑わず、そのストイックともいえる生き方に、尊敬の念すら抱いていた。それが裏切られたような気がして、勝手にがっかりしたものだ。

彼女の持ち物についても同じだった。最初の頃は、サイーダはラクダに積み切れるだけの荷物で暮らしていると思っていた。しかし実は、砂漠の中に荷物置き場を数ヶ所持っており、すぐに必要のない荷物を保管していた。そこにはドラム缶が数個あり、色とりどりのガラビーヤが入っていた。それといっしょにマニキュアや手鏡数個、スカーフ数枚、指輪3個……なども。それらを嬉しそうに私に見せる。私は心の中で少なからず落胆したものだ。

しかし……私は、はたと気づいた。もしかしたら、私は自分の理想像を彼女に押しつけていただけなのかもしれない。


高校生の時に手にした本。

その中で見た、ラクダに積めるだけの荷物を持ち、さっそうと移動していく遊牧民の姿を、ずっと私は追い求めてきた……。

しかし現実の遊牧民は、それとはずいぶん違っていた。

砂漠で一人たくましく生きていると思えたサイーダも、実は家族や同じ部族の人たちなど、他者とのつながりの中で生かされていた。その事実は、人は一人では生きられないというあたりまえのことを私に思い出させてくれたように思う。

変化――それは、どこの世界にも訪れる。
携帯電話も、衛星放送も、便利な物が広まるのは、当の本人たちが、それを望んでいるからだ。

2回目にサイーダの所に滞在した帰り、サーレムの車が動かなくなった時。もし彼が携帯電話を持っていなかったら、兄ムライは呼び出せなかった。そして私は体調が悪い中を町まで歩いたか、サーレムと2人きりで砂漠で寝るハメになったはずだ。

この地球上から消えようとしている、砂漠を自由に歩き回る遊牧民たちの暮らし。それにノスタルジックな感傷をよせたり、いつまでも変わらずに今の生活スタイルを続けてほしいと願うのは、便利な生活を享受している側の勝手な願望にすぎないだろう。

ケータイは聞きたくないことも聞かされる

「フジヨが来ないから、津波につれ去られて死んでしまったかと思ってたよ」

2012年5月、私は2年のブランクの後、サイーダを再訪した。その間、日本とエジプトでは大きな事件が起きていた。

2011年2月、エジプトで大規模な反政府デモとそれにともなうできごとの結果、約30年間続いたムバラク政権が崩壊した。

その約1ヶ月後には、日本で東日本大震災が起き、多数の犠牲者が出た。

サイーダはそれらの事件を、逐一ラジオで聞いて知っていた。

ラクダのホムランに噛まれて壊れてしまって以来、しばらくラジオを持っていなかったが、その後、他のオスラクダが荷物をのせられるくらいに成長したため、ホムランを売り払い、そのお金でラジオを買った。

ここの砂漠では、ムバラクの評判は意外に悪くない。

「今はみんな仕事がない。いろんな物が高くなってしまった。前はムバラクがしっかりと国をまとめていた」

そんな意見もある。

サイーダはどう思っているのだろう？

「彼がいい人か悪い人かなんて、会ったことないからわからないね」

政権崩壊で彼女の暮らしに何か変化があったかといえば、遊牧場所が変わったことくらいだ。

今はアブ・マルワ〔地図〕という場所の近くにいる。以前サイーダに会ったビール・アル＝バシャやアブ・サワルのさらに北にある。1年ほど前にここに少し雨が降ったため、以前の遊牧場所サムナから5日間歩いて移動した。

しかしアブ・マルワには草は多少あるものの、泉が近くにない。そのため近くのウンムサンという場所に移ってきた。だがここも、近くの泉の水は塩気がありすぎて、ラクダの飲用にしか適さない。彼女の飲み水は、息子たちが月に1、2回食料を持って来るついでに、タンクに入れて運んで来る。

携帯はあいかわらず持っていない。

彼女は「ばあさんには使い方がわからない」の一点張りだ。しかし、もしかしたら、彼女はあえて持たないようにしているのかもしれない。

そう考えるのには、わけがある。

私が訪れる3ヶ月ほど前、末息子のサイードが交通事故で亡くなった。幹線道路上を歩いていて、後ろから走って来た車にはねられたのだ。彼はすぐにハルガダの病院に運ばれたが、２日後に亡くなった。

もし彼女が携帯を持っていて、すぐに事故を知らされていたら、サイードが生きているうちに会うことができたのではないか。

しかし、サイーダは言う。

「携帯があったら、聞きたくないこともすぐに聞かされる。あの子の死は神さまがきめたんだ。私が行ったからって、生き返るわけじゃない」

事故を起こした相手はお金で解決しようとしたが、サイーダは受け取らなかった。

「お金はいらない。代わりに神さまが彼をさばく」

いつまで砂漠にいるかは神さまがきめる

ベールからのぞく彼女の前髪は、２００３年に初めて彼女に会った頃に比べ、すっかり白くなった。最初の頃、彼女はいつも額の上にマンディールと呼ばれる布を着け、前髪を隠していた。ホシュマンの女性が必ず身に着けるアクセサリーのような物で、赤やオレンジ、黄色など鮮やかな色が多い。彼女は好んで紫色の物を着けていた。人里離れた所にいながら、そんな女らしい装いを忘れない彼女に、感心していたものだ。

しかしもうマンディールを身に着けることもない。年をとり、身の回りにかまう余裕がなくなったのだろうか。そういえば、最初の頃、移動はいつもラクダに乗らずに歩いていたのに、今は必ずラクダに乗っている。

返ってくる答えは知りながら、私はあえて聞いてみる。

——サイーダはいつまで砂漠にいるの？

「それは私がきめることじゃない。神さまだけが知っていることさ」

主要参考資料

ドナルド・パウエル・コウル、片倉もとこ訳『遊牧の民　ベドウィン』社会思想社、一九八二年
本多勝一『アラビア遊牧民』朝日文庫、一九八一年
片倉もとこ『アラビア・ノート』ちくま学芸文庫、二〇〇二年
堀内勝『砂漠の文化――アラブ遊牧民の世界』教育社歴史新書、一九七九年
松原正毅『遊牧の世界――トルコ系遊牧民ユルックの民族誌から』平凡社、二〇〇四年
奴田原睦明『エジプト人はどこにいるか』第三書館、一九八五年
ウンニ・ヴィカン、小杉泰訳『カイロの庶民生活』第三書館、一九八六年
伊能武次『エジプト――転換期の国家と社会』朔北社、二〇〇一年
大塚和夫編『暮らしがわかるアジア読本　アラブ』河出書房新社、一九九八年
サニア・ハマディ、笠原佳雄訳『アラブ人とは何か』明石書店、二〇〇一年
小杉泰ほか編『イスラーム世界研究マニュアル』名古屋大学出版会、二〇〇八年
井筒俊彦『イスラーム生誕』中公文庫、二〇〇三年
井筒俊彦『イスラーム文化――その根底にあるもの』岩波文庫、一九九一年
牧野信也『イスラームとコーラン』講談社学術文庫、一九八七年
片倉もとこほか編『イスラーム世界事典』明石書店、二〇〇二年
大塚和夫ほか編『岩波イスラーム辞典』岩波書店、二〇〇二年
塩尻和子ほか『イスラームの生活を知る事典』東京堂出版、二〇〇四年

片倉もとこほか編『イスラーム世界』岩波書店、二〇〇四年
井筒俊彦訳『コーラン（上・中・下）』岩波文庫、一九六四年
牧野信也訳『ハディース――イスラーム伝承集成（Ⅰ～Ⅵ）』中公文庫、二〇〇一年
大塚和夫『異文化としてのイスラーム――社会人類学的視点から』同文舘出版、一九八九年
大塚和夫『近代・イスラームの人類学』東京大学出版会、二〇〇〇年
大塚和夫『いまを生きる人類学――グローバル化の逆説とイスラーム世界』中央公論新社、二〇〇二年
竹下政孝『講座イスラーム世界4　イスラームの思考回路』栄光教育文化研究所、一九九五年
ルカイヤ・ワリス・マクスウド、武田信子訳『イスラームを知る32章』明石書店、二〇〇三年
加藤博『イスラーム地域研究叢書6　イスラームの性と文化』東京大学出版会、二〇〇五年
田中雅一ほか編『ジェンダーで学ぶ文化人類学』世界思想社、二〇〇五年
大塚和夫『イスラーム主義とは何か』岩波新書、二〇〇四年
泉沢久美子編『エジプト社会における女性――文献サーベイ』アジア経済研究所、一九九三年
ライラ・アハメド、林正雄ほか訳『イスラームにおける女性とジェンダー――近代論争の歴史的根源』法政大学出版局、二〇〇〇年
ナワル・エル・サーダウィ、村上眞弓訳『イヴの隠れた顔――アラブ世界の女性たち』未來社、一九九四年
白須英子『イスラーム世界の女性たち』文春新書、二〇〇三年
嶺崎寛子「現代エジプトのファトワーにみるジェンダー意識と法文化――婚姻と姦通を中心に」『国立女性教育会館研究紀要7』国立女性教育会館、二〇〇三年
内藤正典『イスラム――癒しの知恵』集英社新書、二〇一一年

西野正巳『イスラム世界の人生相談——ニュースの裏側がよくわかる』太陽出版、二〇〇六年
清水芳見『アラブ・ムスリムの日常生活——ヨルダン村落滞在記』講談社現代新書、一九九二年
内海夏子『ドキュメント　女子割礼』集英社新書、二〇〇三年
清水芳見『イスラームを知ろう』岩波ジュニア新書、二〇〇三年
『サウム——断食　イスラーム入門シリーズNo.2』イスラミックセンター・ジャパン、一九七五年

Joseph J. Hobbs, *Bedouin Life in the Egyptian Wilderness*, University of Texas Press, 1992.
L. A. Tregenza, *The Red Sea Mountains of Egypt and Egyptian Years*, The American University in Cairo Press, 2004.
David J. Phillips, *Peoples on the Move: Introducing the Nomads of the World*, Piquant Editions Ltd., 2001.
Lila Abu-Lughod, *Veiled Sentiments: Honor and Poetry in a Bedouin Society*, University of California Press, 2000.
Lila Abu-Lughod, *Writing Women's Worlds: Bedouin Stories*, University of California Press, 2008.
Joseph J. Hobbs, Tsunemi Fujiyo, Soft Sedentarization: Bedouin Tourist Stations as a Response to Drought in Egypt's Eastern Desert, *Human Ecology*, Volume 35, Springer, 2007.
Nayra Atiya, *Khul-Khaal: Five Egyptian Women Tell Their Stories*, Syracuse University Press, 1982.

常見藤代（つねみ ふじよ）

一九六七年生まれ。ノンフィクション写真作家。上智大学卒業。二〇〇三年から、エジプトの砂漠で一人で暮らすベドウィン女性サイーダと生活をともにする。二〇〇六年、新宿コニカミノルタギャラリーにてサイーダの写真展を行い、その後も各地で写真展、講演会を開催。二〇一二年、第一九回旅の文化研究奨励賞受賞。著書に『月刊たくさんのふしぎ 砂漠のサイーダさん』（福音館書店）。

女《おんな》ノマド、一人《ひとり》砂漠《さばく》に生《い》きる

集英社新書〇六七二N

二〇一二年一二月一九日 第一刷発行

著者……常見藤代《つねみふじよ》

発行者……加藤 潤

発行所……株式会社集英社

東京都千代田区一ツ橋二-五-一〇 郵便番号一〇一-八〇五〇

電話 〇三-三二三〇-六三九一（編集部）
〇三-三二三〇-六三九三（販売部）
〇三-三二三〇-六〇八〇（読者係）

装幀……新井千佳子（MOTHER）

印刷所……凸版印刷株式会社

製本所……加藤製本株式会社

定価はカバーに表示してあります。

ISBN 978-4-08-720672-2 C0239

Printed in Japan